INTRODUCTION

A L'ÉTUDE DE LA

MÉDECINE EXPÉRIMENTALE

PAR

CLAUDE BERNARD

Membre de l'Institut de France (Académie des Sciences)
et de l'Académie de Médecine.
Professeur de médecine au Collège de France,
Professeur de physiologie générale à la Faculté des Sciences.
Membre de la Société Royale de Londres,
de l'Académie des Sciences de Saint-Pétersbourg
et de l'Académie des Sciences de Berlin.

PARIS
LIBRAIRIE CH. DELAGRAVE
15, RUE SOUFFLOT, 15

INTRODUCTION

A L'ÉTUDE DE LA

MÉDECINE EXPÉRIMENTALE

SOCIÉTÉ ANONYME D'IMPRIMERIE DE VILLEFRANCHE-DE-ROUERGUE
Jules BARDOUX, Directeur.

INTRODUCTION

A L'ÉTUDE DE LA

MÉDECINE EXPÉRIMENTALE

PAR

CLAUDE BERNARD

Membre de l'Institut de France (Académie des sciences)
et de l'Académie impériale de médecine
Professeur de médecine au Collège de France
Professeur de physiologie générale à la Faculté des sciences
Membre de la Société royale de Londres
de l'Académie des sciences de Saint-Pétersbourg
et de l'Académie des sciences de Berlin

PARIS
LIBRAIRIE CH. DELAGRAVE
15, RUE SOUFFLOT, 15

1898

INTRODUCTION

A L'ÉTUDE DE LA

MÉDECINE EXPÉRIMENTALE

Conserver la santé et guérir les maladies : tel est le problème que la médecine a posé dès son origine et dont elle poursuit encore la solution scientifique[1]. L'état actuel de la pratique médicale donne à présumer que cette solution se fera encore longtemps chercher. Cependant, dans sa marche à travers les siècles, la médecine, constamment forcée d'agir, a tenté d'innombrables essais dans le domaine de l'empirisme et en a tiré d'utiles renseignements. Si elle a été sillonnée et bouleversée par des systèmes de toute espèce que leur fragilité a fait successivement disparaître, elle n'en a pas moins exécuté des recherches, acquis des notions et entassé des matériaux précieux, qui auront plus tard leur place et leur signification dans la méde-

1. Voy. *Cours de pathologie expérimentale* (*Medical Times*, 1859-1860). — *Leçon d'ouverture du cours de médecine du Collège de France : Sur la médecine expérimentale* (*Gazette médicale*. Paris, 15 avril 1864 ; — *Revue des cours scientifiques*. Paris, 31 décembre 1864).

cine scientifique. De notre temps, grâce aux développements considérables et aux secours puissants des sciences physico-chimiques, l'étude des phénomènes de la vie, soit à l'état normal, soit à l'état pathologique, a accompli des progrès surprenants, qui chaque jour se multiplient davantage.

Il est ainsi évident pour tout esprit non prévenu que la médecine se dirige vers sa voie scientifique définitive. Par la seule marche naturelle de son évolution, elle abandonne peu à peu la région des systèmes pour revêtir de plus en plus la forme analytique, et rentrer ainsi graduellement dans la méthode d'investigation commune aux sciences expérimentales.

Pour embrasser le problème médical dans son entier, la médecine expérimentale doit comprendre trois parties fondamentales : la physiologie, la pathologie et la thérapeutique. La connaissance des causes des phénomènes de la vie à l'état normal, c'est-à-dire la *physiologie*, nous apprendra à maintenir les conditions normales de la vie et à *conserver la santé*. La connaissance des maladies et des causes qui les déterminent, c'est-à-dire la *pathologie*, nous conduira, d'un côté, à prévenir le développement de ces conditions morbides, et de l'autre à en combattre les effets par des agents médicamenteux, c'est-à-dire à *guérir les maladies*.

Pendant la période empirique de la médecine, qui sans doute devra se prolonger encore longtemps, la physiologie, la pathologie et la thérapeutique ont pu marcher séparément, parce que, n'étant constituées ni les unes ni les autres, elles n'avaient pas à se donner un mutuel appui dans la pratique médicale. Mais dans la conception de la médecine scientifique il ne saurait en être ainsi : sa base doit être la physiologie. La science ne s'établissant que par voie de comparaison, la connaissance de l'état pathologique ou anormal ne saurait être obtenue sans la connaissance de l'état normal, de même que l'action thérapeutique sur l'organisme des agents anormaux ou médicaments, ne saurait être comprise scientifiquement sans l'étude préalable de l'action physiologique des agents normaux qui entretiennent les phénomènes de la vie.

Mais la médecine scientifique ne peut se constituer, ainsi que les autres sciences, que par la voie expérimentale, c'est-à-dire par l'application immédiate et rigoureuse du raisonnement aux faits que l'observation et l'expérimentation nous fournissent. La méthode expérimentale, considérée en elle-même, n'est rien autre chose qu'un *raisonnement* à l'aide duquel nous soumettons méthodiquement nos idées à l'expérience des *faits*.

Le raisonnement est toujours le même, aussi bien dans les sciences qui étudient les êtres vivants que dans celles qui s'occupent des corps bruts. Mais, dans chaque genre de science, les phénomènes varient et présentent une complexité et des difficultés d'investigation qui leur sont propres. C'est ce qui fait que les principes de l'expérimentation, ainsi que nous le verrons plus tard, sont incomparablement plus difficiles à appliquer à la médecine et aux phénomènes des corps vivants qu'à la physique et aux phénomènes des corps bruts.

Le raisonnement sera toujours juste quand il s'exercera sur des notions exactes et sur des faits précis; mais il ne pourra conduire qu'à l'erreur toutes les fois que les notions ou les faits sur lesquels il s'appuie seront primitivement entachés d'erreur ou d'inexactitude. C'est pourquoi l'*expérimentation,* ou l'art d'obtenir des expériences rigoureuses et bien déterminées, est la base pratique et en quelque sorte la partie exécutive de la méthode expérimentale appliquée à la médecine. Si l'on veut constituer les sciences biologiques et étudier avec fruit les phénomènes si complexes qui se passent chez les êtres vivants, soit à l'état physiologique, soit à l'état pathologique, il faut avant tout poser les principes de l'expérimentation et ensuite les appliquer à la physiologie, à la pathologie et à la thérapeutique. L'expérimentation est incontestablement plus difficile en médecine que dans aucune autre science; mais, par cela même, elle ne fut jamais dans aucune plus nécessaire et plus indispensable. Plus une science est complexe, plus il importe, en effet, d'en établir une bonne critique expérimentale, afin d'obtenir des faits comparables et exempts de causes d'erreur. C'est aujourd'hui, suivant nous, ce qui importe le plus pour les progrès de la médecine.

Pour être digne de ce nom, l'expérimentateur doit être à la fois théoricien et praticien. S'il doit posséder d'une manière complète l'art d'instituer les faits d'expérience, qui sont les matériaux de la science, il doit aussi se rendre compte clairement des principes scientifiques qui dirigent notre raisonnement au milieu de l'étude expérimentale si variée des phénomènes de la nature. Il serait impossible de séparer ces deux choses : la tête et la main. Une main habile sans la tête qui la dirige est un instrument aveugle; la tête sans la main qui réalise reste impuissante.

Les principes de la *médecine expérimentale* seront développés dans notre ouvrage au triple point de vue de la physiologie, de la pathologie et de la thérapeutique. Mais, avant d'entrer dans les considérations générales et dans les descriptions spéciales des procédés opératoires propres à chacune de ces divisions, je crois utile de donner, dans cette introduction, quelques développements relatifs à la partie théorique ou philosophique de la méthode dont le livre, au fond, ne sera que la partie pratique.

Les idées que nous allons exposer ici n'ont certainement rien de nouveau; la méthode expérimentale et l'expérimentation sont depuis longtemps introduites dans les sciences physico-chimiques, qui leur doivent tout leur éclat. A diverses époques, des hommes éminents ont traité les questions de méthode dans les sciences; et de nos jours, M. Chevreul développe dans tous ses ouvrages des considérations très importantes sur la philosophie des sciences expérimentales. Après cela, nous ne saurions donc avoir aucune prétention philosophique. Notre unique but est et a toujours été de contribuer à faire pénétrer les principes bien connus de la méthode expérimentale dans les sciences médicales. C est pourquoi nous allons ici résumer ces principes, en indiquant particulièrement les précautions qu'il convient de garder dans leur application, à raison de la complexité toute spéciale des phénomènes de la vie. Nous envisagerons ces difficultés d'abord dans l'emploi du raisonnement expérimental et ensuite dans la pratique de l'expérimentation.

PREMIÈRE PARTIE

DU RAISONNEMENT EXPÉRIMENTAL

CHAPITRE PREMIER

DE L'OBSERVATION ET DE L'EXPÉRIENCE

L'homme ne peut observer les phénomènes qui l'entourent que dans des limites très restreintes; le plus grand nombre échappe naturellement à ses sens, et l'observation simple ne lui suffit pas. Pour étendre ses connaissances, il a dû amplifier, à l'aide d'appareils spéciaux, la puissance de ces organes, en même temps qu'il s'est armé d'instruments divers qui lui ont servi à pénétrer dans l'intérieur des corps pour les décomposer et en étudier les parties cachées. Il y a ainsi une gradation nécessaire à établir entre les divers procédés d'*investigation* ou de recherches, qui peuvent être simples ou complexes : les premiers s'adressent aux objets les plus faciles à examiner et pour lesquels nos sens suffisent; les seconds, à l'aide de moyens variés, rendent accessibles à notre observation des objets ou des phénomènes qui sans cela nous seraient toujours demeurés inconnus, parce que dans l'état naturel ils sont hors de notre portée. L'*investigation,* tantôt simple, tantôt armée et perfectionnée, est donc destinée à nous faire découvrir et constater les phénomènes plus ou moins cachés qui nous entourent.

Mais l'homme ne se borne pas à voir; il pense et veut connaître la signification des phénomènes dont l'*observation* lui a révélé l'existence. Pour cela il raisonne, compare les faits, les interroge, et, par les réponses qu'il en tire, les contrôle les uns par les autres. C'est ce genre de contrôle, au moyen du raisonnement et des faits, qui constitue, à proprement parler, l'*expérience*, et c'est le seul procédé que nous ayons pour nous instruire sur la nature des choses qui sont en dehors de nous.

Dans le sens philosophique, l'observation *montre*, et l'expérience *instruit*. Cette première distinction va nous servir de point de départ pour examiner les définitions diverses qui ont été données de l'*observation* et de l'*expérience* par les philosophes et les médecins.

§ I. — Définitions diverses de l'observation et de l'expérience.

On a quelquefois semblé confondre l'expérience avec l'observation. Bacon paraît réunir ces deux choses quand il dit : « L'observation et l'expérience pour amasser les matériaux, l'induction et la déduction pour les élaborer : voilà les seules bonnes machines intellectuelles. »

Les médecins et les physiologistes, ainsi que le plus grand nombre des savants, ont distingué l'observation de l'expérience, mais ils n'ont pas été complètement d'accord sur la définition de ces deux termes.

Zimmermann s'exprime ainsi : « Une expérience

diffère d'une observation en ce que la connaissance qu'une observation nous procure semble se présenter d'elle-même ; au lieu que celle qu'une expérience nous fournit est le fruit de quelque tentative que l'on fait dans le dessein de savoir si une chose est ou n'est point[1]. »

Cette définition représente une opinion assez généralement adoptée. D'après elle, l'observation serait la constatation des choses ou des phénomènes tels que la nature nous les offre ordinairement, tandis que l'expérience serait la constatation de phénomènes créés ou déterminés par l'expérimentateur. Il y aurait à établir de cette manière une sorte d'opposition entre l'observateur et l'expérimentateur : le premier étant *passif* dans la production des phénomènes, le second y prenant, au contraire, une part directe et *active*. Cuvier a exprimé cette même pensée en disant : « L'observateur écoute la nature ; l'expérimentateur l'interroge et la force à se dévoiler. »

Au premier abord, et quand on considère les choses d'une manière générale, cette distinction entre l'activité de l'expérimentateur et la passivité de l'observateur paraît claire et semble devoir être facile à établir. Mais, dès qu'on descend dans la pratique expérimentale, on trouve que, dans beaucoup de cas, cette séparation est très difficile à faire et que parfois même elle entraîne de l'obscurité. Cela résulte, ce me semble, de ce que l'on a confondu l'art de l'investigation, qui

1. Zimmermann, *Traité sur l'expérience en médecine*. Paris, 1774, t. Ier, p. 45.

recherche et constate les faits, avec l'art du raisonnement, qui les met en œuvre logiquement pour la recherche de la vérité. Or, dans l'investigation il peut y avoir à la fois activité de l'esprit et des sens, soit pour faire des observations, soit pour faire des expériences.

En effet, si l'on voulait admettre que l'*observation* est caractérisée par cela seul que le savant constate des phénomènes que la nature a produits spontanément et sans son intervention, on ne pourrait cependant pas trouver que l'esprit comme la main reste toujours inactif dans l'observation, et l'on serait amené à distinguer sous ce rapport deux sortes d'observations : les unes *passives*, les autres *actives*. Je suppose, par exemple, ce qui est souvent arrivé, qu'une maladie endémique quelconque survienne dans un pays et s'offre à l'observation d'un médecin. C'est là une observation spontanée ou *passive* que le médecin fait par hasard et sans y être conduit par aucune idée préconçue. Mais si, après avoir observé les premiers cas, il vient à l'idée de ce médecin que la production de cette maladie pourrait bien être en rapport avec certaines circonstances météorologiques ou hygiéniques spéciales, alors le médecin va en voyage et se transporte dans d'autres pays où règne la même maladie, pour voir si elle s'y développe dans les mêmes conditions. Cette seconde observation, faite en vue d'une idée préconçue sur la nature et la cause de la maladie, est ce qu'il faudrait évidemment appeler une observation provoquée ou *active*. J'en dirai autant d'un astronome qui, regardant le ciel, découvre une planète qui passe par hasard devant sa lunette; il a fait là une observation fortuite et *passive,* c'est-à-dire sans idée préconçue. Mais si, après avoir constaté les perturbations d'une planète, l'astronome en est venu à faire des observations pour en rechercher la raison, je dirai qu'alors l'astronome fait des observations *actives,* c'est-à-dire des observations provoquées par une idée préconçue sur la cause de la perturbation. On pourrait multiplier à l'infini les citations de ce genre pour prouver que, dans la constatation des phénomènes naturels qui s'offrent à nous, l'esprit est tantôt passif et tantôt actif, ce qui signifie, en d'autres termes, que l'observation se fait tantôt sans idée préconçue et par hasard, et tantôt avec idée préconçue, c'est-à-dire avec intention de vérifier l'exactitude d'une vue de l'esprit.

D'un autre côté, si l'on admettait, comme il a été dit plus haut, que l'*expérience* est caractérisée par cela seul que le savant constate des phénomènes qu'il a provoqués artificiellement et qui naturellement ne se présentaient pas à lui, on ne saurait trouver non plus que la main de l'expérimentateur doive toujours intervenir activement pour opérer l'apparition de ces phénomènes. On a vu, en effet, dans certains cas, des accidents où la nature agissait pour lui, et là encore nous serions obligés de distinguer, au point de vue de l'intervention manuelle, des expériences *actives* et des expériences *passives.* Je suppose qu'un physiologiste veuille étudier la digestion et savoir ce qui se passe dans l'estomac d'un animal vivant; il divisera les parois du ventre et de l'estomac d'après des règles opératoires connues, et il établira ce qu'on appelle une fistule gastrique. Le physiologiste croira certainement avoir fait une expérience, parce qu'il est intervenu activement pour faire apparaître des phénomènes qui ne s'offraient pas naturellement à ses yeux. Mais maintenant je demanderai : le docteur W. Beaumont fit-il une expérience quand il rencontra ce jeune chasseur canadien qui, après avoir reçu à bout portant un coup de fusil dans l'hypocondre gauche, conserva, à la chute de l'escarre, une large fistule de l'estomac par laquelle on pouvait voir dans l'intérieur de cet organe? Pendant plusieurs années, le docteur Beaumont, qui avait pris cet homme à son service, put étudier *de visu* les phénomènes de la digestion gastrique, ainsi qu'il nous l'a fait connaître dans l'intéressant journal qu'il nous a donné à ce sujet[1]. Dans le premier cas, le physiologiste a agi en vertu de l'idée préconçue d'étudier les phénomènes digestifs, et il a fait une expérience *active*. Dans le second cas, un accident a opéré la fistule à l'estomac, et elle s'est présentée fortuitement au docteur Beaumont, qui dans notre définition aurait fait une expérience *passive*, s'il est permis d'ainsi parler. Ces exemples prouvent donc que, dans la constatation des phénomènes qualifiés d'expérience, l'activité manuelle de l'expérimentateur n'intervient pas toujours, puisqu'il arrive que ces phénomènes peuvent, ainsi que nous le voyons, se présenter comme des *observations passives* ou fortuites.

Mais il est des physiologistes et des médecins qui ont caractérisé un peu différemment l'observation et l'expérience. Pour eux l'*observation* consiste dans la

1. W. Beaumont, *Exper. and Obs. on the gastric Juice and the physiological Digestion*. Boston, 1834.

constatation de tout ce qui est normal et régulier. Peu importe que l'investigateur ait provoqué lui-même, ou par les mains d'un autre, ou par un accident, l'apparition des phénomènes : dès qu'il les considère sans les troubler et dans leur état normal, c'est une observation qu'il fait. Ainsi dans les deux exemples de fistule gastrique que nous avons cités précédemment, il y aurait eu, d'après ces auteurs, *observation,* parce que dans les deux cas on a eu sous les yeux les phénomènes digestifs conformes à l'état naturel. La fistule n'a servi qu'à mieux voir et à faire l'observation dans de meilleures conditions.

L'*expérience,* au contraire, implique, d'après les mêmes physiologistes, l'idée d'une variation ou d'un trouble *intentionnellement* apportés par l'investigateur dans les conditions des phénomènes naturels. Cette définition répond en effet à un groupe nombreux d'expériences que l'on pratique en physiologie et qui pourraient s'appeler *expériences par destruction*. Cette manière d'expérimenter, qui remonte à Galien, est la plus simple, et elle devait se présenter à l'esprit des anatomistes désireux de connaître sur le vivant l'usage des parties qu'ils avaient isolées par la dissection sur le cadavre. Pour cela, on supprime un organe sur le vivant par la section ou par l'ablation, et l'on juge, d'après le trouble produit dans l'organisme entier ou dans une fonction spéciale, de l'usage de l'organe enlevé. Ce procédé expérimental essentiellement analytique est mis tous les jours en pratique en physiologie. Par exemple, l'anatomie avait appris que deux nerfs principaux se distribuent à la face : le facial et la cinquième paire ; pour connaître leurs usages, on les a coupés successivement. Le résultat a montré que la section du facial amène la perte du mouvement, et la section de la cinquième paire, la perte de la sensibilité. D'où l'on a conclu que le facial est le nerf moteur de la face, et la cinquième paire le nerf sensitif.

Nous avons dit qu'en étudiant la digestion par l'intermédiaire d'une fistule, on ne fait qu'une observation, suivant la définition que nous examinons. Mais si, après avoir établi la fistule, on vient à couper les nerfs de l'estomac avec l'intention de voir les modifications qui en résultent dans la fonction digestive, alors, suivant la même manière de voir, on fait une expérience, parce qu'on cherche à connaître la fonction d'une partie d'après le trouble que sa suppression entraîne. Ce qui peut se résumer en disant que dans l'expérience il faut porter un jugement par comparaison de deux faits, l'un normal, l'autre anormal.

Cette définition de l'expérience suppose nécessairement que l'expérimentateur doit pouvoir toucher le corps sur lequel il veut agir, soit en le détruisant, soit en le modifiant, afin de connaître ainsi le rôle qu'il remplit dans les phénomènes de la nature. C'est même, comme nous le verrons plus loin, sur cette possibilité d'agir ou non sur les corps que reposera exclusivement la distinction des sciences dites *d'observation* et des sciences dites *expérimentales*.

Mais si la définition de l'expérience que nous venons de donner diffère de celle que nous avons examinée en premier lieu, en ce qu'elle admet qu'il n'y a expérience que lorsqu'on peut faire varier ou qu'on décompose par une sorte d'analyse le phénomène qu'on veut connaître, elle lui ressemble cependant en ce qu'elle suppose toujours comme elle une activité intentionnelle de l'expérimentateur dans la production de ce trouble des phénomènes. Or, il sera facile de montrer que souvent l'activité intentionnelle de l'opérateur peut être remplacée par un accident. On pourrait donc encore distinguer ici, comme dans la première définition, des troubles survenus *intentionnellement* et des troubles survenus spontanément et *non intentionnellement*. En effet, reprenant notre exemple dans lequel le physiologiste coupe le nerf facial pour en connaître les fonctions, je suppose, ce qui arrive souvent, qu'une balle, un coup de sabre, une carie du rocher, viennent à couper ou à détruire le facial ; il en résultera fortuitement une paralysie du mouvement, c'est-à-dire un trouble qui est exactement le même que celui que le physiologiste aurait déterminé intentionnellement.

Il en sera de même d'une infinité de lésions pathologiques qui sont de véritables expériences dont le médecin et le physiologiste tirent profit, sans que cependant il y ait de leur part aucune préméditation pour provoquer ces lésions, qui sont le fait de la maladie. Je signale dès à présent cette idée parce qu'elle nous sera utile plus tard pour prouver que la médecine possède de véritables expériences, bien que ces dernières soient spontanées et non provoquées par le médecin[1].

1. Lallemand, *Propositions de pathologie tendant à éclairer plusieurs points de physiologie*. Thèse. Paris, 1818 ; 2e édition, 1824.

Je ferai encore une remarque qui servira de conclusion. Si en effet on caractérise l'expérience par une variation ou par un trouble apportés dans un phénomène, ce n'est qu'autant qu'on sous-entend qu'il faut faire la comparaison de ce trouble avec l'état normal. L'expérience n'étant en effet qu'un jugement, elle exige nécessairement comparaison entre deux choses, et ce qui est intentionnel ou actif dans l'expérience, c'est réellement la comparaison que l'esprit veut faire. Or, que la perturbation soit produite par accident ou autrement, l'esprit de l'expérimentateur n'en compare pas moins bien. Il n'est donc pas nécessaire que l'un des faits à comparer soit considéré comme un trouble ; d'autant plus qu'il n'y a dans la nature rien de troublé ni d'anormal ; tout se passe suivant les lois qui sont absolues, c'est-à-dire toujours normales et déterminées. Les effets varient en raison des conditions qui les manifestent, mais les lois ne varient pas. L'état physiologique et l'état pathologique sont régis par les mêmes forces, et ils ne diffèrent que par les conditions particulières dans lesquelles la loi vitale se manifeste.

§ II. — Acquérir de l'expérience et s'appuyer sur l'observation est autre chose que faire des expériences et faire des observations.

Le reproche général que j'adresserai aux définitions qui précèdent, c'est d'avoir donné aux mots un sens trop circonscrit en ne tenant compte que de l'art de l'investigation, au lieu d'envisager en même temps l'observation et l'expérience comme les deux termes extrêmes du raisonnement expérimental. Aussi voyons-nous ces définitions manquer de clarté et de généralité. Je pense donc que, pour donner à la définition toute son utilité et toute sa valeur, il faut distinguer ce qui appartient au procédé d'investigation employé pour obtenir les faits, de ce qui appartient au procédé intellectuel qui les met en œuvre et en fait à la fois le point d'appui et le *criterium* de la méthode expérimentale.

Dans la langue française, le mot *expérience* au singulier signifie, d'une manière générale et abstraite, l'instruction acquise par l'usage de la vie. Quand on applique à un médecin le mot expérience pris au singulier, il exprime l'instruction qu'il a acquise par l'exercice de la médecine. Il en est de même pour les autres professions, et c'est dans ce sens que l'on dit qu'un homme a acquis de l'*expérience*, qu'il a de l'*expérience*. Ensuite on a donné par extension et dans un sens concret le nom d'*expériences* aux faits qui nous fournissent cette instruction expérimentale des choses.

Le mot *observation* au singulier, dans son acception générale et abstraite, signifie la constatation exacte d'un fait à l'aide de moyens d'investigation et d'études appropriées à cette constatation. Par extension et dans un sens concret, on a donné aussi le nom d'*observations* aux faits constatés, et c'est dans ce sens que l'on dit observations *médicales*, observations *astronomiques*, etc.

Quand on parle d'une manière concrète, et quand on dit *faire des expériences* ou *faire des observations*, cela signifie qu'on se livre à l'investigation et à la recherche, que l'on tente des essais, des épreuves, dans le but d'acquérir des faits dont l'esprit, à l'aide du raisonnement, pourra tirer une connaissance ou une instruction.

Quand on parle d'une manière abstraite et quand on dit *s'appuyer sur l'observation* et *acquérir de l'expérience,* cela signifie que l'*observation* est le point d'appui de l'esprit qui raisonne, et l'*expérience* le point d'appui de l'esprit qui conclut, ou mieux encore le fruit d'un raisonnement juste appliqué à l'interprétation des faits. D'où il suit que l'on peut acquérir de l'expérience sans faire des expériences, par cela seul qu'on raisonne convenablement sur les faits bien établis, de même que l'on peut faire des expériences et des observations sans acquérir de l'expérience, si l'on se borne à la constatation des faits.

L'observation est donc ce qui *montre* les faits ; l'expérience est ce qui *instruit* sur les faits et ce qui donne de l'expérience relativement à une chose. Mais comme cette instruction ne peut arriver que par une comparaison et un jugement, c'est-à-dire par suite d'un raisonnement, il en résulte que l'homme seul est capable d'acquérir de l'expérience et de se perfectionner par elle.

« L'expérience, dit Gœthe, corrige l'homme chaque jour. » Mais c'est parce qu'il raisonne juste et expérimentalement sur ce qu'il observe ; sans cela il ne se corrigerait pas. L'homme qui a perdu la raison, l'aliéné, ne s'instruit plus par l'expérience, il ne raisonne plus expérimentalement. L'expérience est donc le privilège de la raison. « A l'homme seul appartient de vérifier ses pensées, de les ordonner; à l'homme seul appartient de corriger, de rectifier, d'améliorer, de perfectionner et de pouvoir ainsi tous les jours se rendre plus habile, plus sage et plus heureux. Pour l'homme seul, enfin, existe un art, un art suprême, dont tous les arts les plus vantés ne sont que les instruments et l'ouvrage : l'art de la raison, le *raisonnement*[1]. »

Nous donnerons au mot *expérience*, en médecine expérimentale, le même sens général qu'il conserve partout. Le savant s'instruit chaque jour par l'expérience; par elle il corrige incessamment ses idées scientifiques, ses théories, les rectifie pour les mettre en harmonie avec un nombre de faits de plus en plus grands, et pour approcher ainsi de plus en plus de la vérité.

On peut s'instruire, c'est-à-dire acquérir de l'expérience sur ce qui nous entoure, de deux manières, empiriquement et expérimentalement. Il y a d'abord une sorte d'instruction ou d'expérience inconsciente et empirique, que l'on obtient par la pratique de chaque chose. Mais cette connaissance que l'on acquiert ainsi n'en est pas moins nécessairement accompagnée d'un raisonnement expérimental vague que l'on se fait sans s'en rendre compte, et par suite duquel on rapproche les faits afin de porter sur eux un jugement. L'expérience peut donc s'acquérir par un raisonnement empirique et inconscient; mais cette marche obscure et spontanée de l'esprit a été érigée par le sa-

1. Laromiguière, *Discours sur l'identité : Œuvres*, t. Ier, p. 329.

vant en une méthode claire et raisonnée, qui procède alors plus rapidement et d'une manière consciente vers un but déterminé. Telle est la méthode expérimentale dans les sciences, d'après laquelle l'expérience est toujours acquise en vertu d'un raisonnement précis établi sur une idée qu'a fait naître l'observation et que contrôle l'expérience. En effet, il y a dans toute connaissance expérimentale trois phases : observation faite, comparaison établie et jugement motivé. La méthode expérimentale ne fait pas autre chose que porter un *jugement* sur les faits qui nous entourent, à l'aide d'un *criterium* qui n'est lui-même qu'un autre fait disposé de façon à contrôler le jugement et à donner l'*expérience*. Prise dans ce sens général, l'expérience est l'unique source des connaissances humaines. L'esprit n'a en lui-même que le sentiment d'une relation nécessaire dans les choses, mais il ne peut connaître la forme de cette relation que par l'expérience.

Il y aura donc deux choses à considérer dans la méthode expérimentale : 1° l'art d'obtenir des faits exacts au moyen d'une investigation rigoureuse ; 2° l'art de les mettre en œuvre au moyen d'un raisonnement expérimental afin d'en faire ressortir la connaissance de la loi des phénomènes. Nous avons dit que le raisonnement expérimental s'exerce toujours et nécessairement sur deux faits à la fois, l'un qui lui sert de point de départ : l'*observation* ; l'autre qui lui sert de conclusion ou de contrôle : l'*expérience*. Toutefois ce n'est, en quelque sorte, que comme abstraction logique et en raison de la place qu'ils occupent qu'on peut distinguer, dans le raisonnement, le fait observation du fait expérience.

Mais, en dehors du raisonnement expérimental, l'observation et l'expérience n'existent plus dans le sens abstrait qui précède; il n'y a dans l'une comme dans l'autre que des faits concrets qu'il s'agit d'obtenir par des procédés d'investigation exacts et rigoureux. Nous verrons plus loin que l'investigateur doit être lui-même distingué en *observateur* et en *expérimentateur :* non suivant qu'il est actif ou passif dans la production des phénomènes, mais suivant qu'il agit ou non sur eux pour s'en rendre maître.

§ III. — De l'investigateur; de la recherche scientifique.

L'art de l'investigation scientifique est la pierre angulaire de toutes les sciences expérimentales. Si les faits qui servent de base au raisonnement sont mal établis ou erronés, tout s'écroulera ou tout deviendra faux; et c'est ainsi que, le plus souvent, les erreurs dans les théories scientifiques ont pour origine des erreurs de faits.

Dans l'investigation considérée comme art de recherches expérimentales, il n'y a que des faits mis en lumière par l'investigateur et constatés le plus rigoureusement possible, à l'aide des moyens les mieux appropriés. Il n'y a plus lieu de distinguer ici l'observateur de l'expérimentateur par la nature des procédés de recherches mis en usage. J'ai montré dans le paragraphe précédent que les définitions et les distinctions qu'on a essayé d'établir d'après l'activité ou la passivité de l'investigation, ne sont pas soutenables. En effet, l'observateur et l'expérimentateur sont des investigateurs qui cherchent à constater les faits de leur mieux, et qui emploient à cet effet des moyens d'étude plus ou moins compliqués, selon la complexité des phénomènes qu'ils étudient. Ils peuvent, l'un et l'autre, avoir besoin de la même activité manuelle et intellectuelle, de la même habileté, du même esprit d'invention, pour créer et perfectionner les divers appareils ou instruments d'investigation qui leur sont communs pour la plupart. Chaque science a en quelque sorte un genre d'investigation qui lui est propre et un attirail d'instruments et de procédés spéciaux. Cela se conçoit d'ailleurs, puisque chaque science se distingue par la nature de ses problèmes et par la diversité des phénomènes qu'elle étudie. L'investigation médicale est la plus compliquée de toutes; elle comprend tous les procédés qui sont propres aux recherches anatomiques, physiologiques, pathologiques et thérapeutiques, et de plus, en se développant, elle emprunte à la chimie et à la physique une foule de moyens de recherches qui deviennent pour elle de puissants auxiliaires. Tous les progrès des sciences expérimentales se mesurent par le perfectionnement de leurs moyens d'investigation. Tout l'avenir de la médecine expérimentale est subordonné à la création d'une méthode de recherche applicable avec fruit à l'étude des phénomènes de la vie, soit à l'état normal, soit à l'état pathologique. Je n'insisterai pas ici sur la nécessité d'une telle méthode d'investigation expérimentale en médecine, et je n'essayerai pas même d'en énumérer les difficultés. Je me bornerai à dire que toute ma vie scientifique est vouée à concourir pour ma part à cette œuvre immense, que la science moderne aura la gloire d'avoir comprise et le mérite d'avoir inaugurée, en laissant aux siècles futurs le soin de la continuer et de la fonder définitivement. Les deux volumes qui constitueront mon ouvrage sur les *Principes de la médecine expérimentale* seront uniquement consacrés au développement de procédés d'investigation expérimentale appliqués à la physiologie, à la pathologie et à la thérapeutique. Mais comme il est impossible à un seul d'envisager toutes les faces de l'investigation médicale, et pour me limiter encore dans un sujet aussi vaste, je m'occuperai plus particulièrement de la régularisation des procédés de vivisections zoologiques. Cette branche de l'investigation biologique est sans contredit la plus délicate et la plus difficile; mais je la considère comme la plus féconde et comme étant celle qui peut être d'une plus grande utilité immédiate à l'avancement de la médecine expérimentale.

Dans l'investigation scientifique, les moindres procédés sont de la plus haute importance. Le choix heureux d'un animal, un instrument construit d'une certaine façon, l'emploi d'un réactif au lieu d'un autre, suffisent souvent pour résoudre les questions générales les plus élevées. Chaque fois qu'un moyen nouveau et sûr d'analyse expérimentale surgit, on voit toujours la science faire des progrès dans les questions auxquelles ce moyen peut être appliqué. Par contre, une mauvaise méthode et des procédés de recherche défectueux peuvent entraîner dans les erreurs les plus graves et retarder la science en la fourvoyant. En un mot, les plus grandes vérités scientifiques ont leurs racines dans les détails de l'investigation expérimentale qui constituent en quelque sorte le sol dans lequel ces vérités se développent.

Il faut avoir été élevé et avoir vécu dans les laboratoires pour bien sentir toute l'importance de tous ces détails de procédés d'investigation, qui sont si souvent ignorés et méprisés par les faux savants qui s'intitulent généralisateurs. Pourtant on n'arrivera jamais à des généralisations vraiment fécondes et lumineuses sur les phénomènes vitaux, qu'autant qu'on aura expérimenté soi-même et remué dans l'hôpital, l'amphithéâtre ou le laboratoire, le terrain fétide ou palpitant de la vie. On a dit quelque part que la vraie science devait être comparée à un plateau fleuri et délicieux sur lequel on ne pouvait arriver qu'après avoir gravi des pentes escarpées et s'être écorché les jambes à travers les ronces et les broussailles. S'il fallait donner une comparaison qui exprimât mon sentiment sur la science de la vie, je dirais que c'est un salon superbe tout resplendissant de lumière, dans lequel on ne peut parvenir qu'en passant par une longue et affreuse cuisine.

§ IV. — **De l'observateur et de l'expérimentateur; des sciences d'observation et d'expérimentation.**

Nous venons de voir qu'au point de vue de l'art de l'investigation, l'observation et l'expérience ne doivent être considérées que comme des *faits* mis en lumière par l'investigateur, et nous avons ajouté que la méthode d'investigation ne distingue pas celui qui observe de celui qui expérimente. Où donc se trouve dès lors, demandera-t-on, la distinction entre l'observateur et l'expérimentateur? La voici : on donne le nom d'*observateur* à celui qui applique les procédés d'investigations simples ou complexes à l'étude de phénomènes qu'il ne fait pas varier et qu'il recueille, par conséquent, tels que la nature les lui offre. On donne le nom d'*expérimentateur* à celui qui emploie les procédés d'investigation simples ou complexes pour faire varier ou modifier, dans un but quelconque, les phénomènes naturels et les faire apparaître dans des circonstances ou dans des conditions dans lesquelles la nature ne les lui présentait pas. Dans ce sens, l'*observation* est l'investigation d'un phénomène naturel, et l'*expérience* est l'investigation d'un phénomène modifié par l'investigateur. Cette distinction, qui semble être tout extrinsèque et résider simplement dans une définition de mots, donne cependant, comme nous allons le voir, le seul sens suivant lequel il faut comprendre la différence importante qui sépare les sciences d'observation des sciences d'expérimentation ou expérimentales.

Nous avons dit, dans un paragraphe précédent, qu'au point de vue du raisonnement expérimental les mots *observation* et *expérience* pris dans un sens abstrait signifient : le premier, la constatation pure et simple d'un fait; le second, le contrôle d'une idée par un fait. Mais si nous n'envisagions l'observation que dans ce sens abstrait, il ne nous serait pas possible d'en tirer une science d'observation. La simple constatation des faits ne pourra jamais parvenir à constituer une science. On aurait beau multiplier les faits ou les observations, que cela n'en apprendrait pas davantage. Pour s'instruire, il faut nécessairement raisonner sur ce que l'on a observé, comparer les faits et les juger par d'autres faits qui servent de contrôle. Mais une observation peut servir de contrôle à une autre observation. De sorte qu'une *science d'observation* sera simplement une science faite avec des observations, c'est-à-dire une science dans laquelle on raisonnera sur des faits d'observation naturelle, tels que nous les avons définis plus haut. Une science expérimentale ou *d'expérimentation* sera une science faite avec des expériences, c'est-à-dire dans laquelle on raisonnera sur des faits d'expérimentation obtenus dans des conditions que l'expérimentateur a créées et déterminées lui-même.

Il y a des sciences qui, comme l'astronomie, resteront toujours pour nous des sciences d'observation, parce que les phénomènes qu'elles étudient sont hors de notre sphère d'action ; mais les sciences terrestres peuvent être à la fois des sciences d'observation et des sciences expérimentales. Il faut ajouter que toutes ces sciences commencent par être des sciences d'observation pure ; ce n'est qu'en avançant dans l'analyse des phénomènes qu'elles deviennent expérimentales, parce que l'observateur, se transformant en expérimentateur, imagine des procédés d'investigation pour pénétrer dans les corps et faire varier les conditions des phénomènes. L'*expérimentation* n'est que la mise en œuvre des procédés d'investigation qui sont spéciaux à l'expérimentateur.

Maintenant, quant au raisonnement expérimental, il sera absolument le même dans les sciences d'observation et dans les sciences expérimentales. Il y aura toujours jugement par une comparaison s'appuyant sur deux faits, l'un qui sert de point de départ, l'autre qui sert de conclusion au raisonnement. Seulement dans les sciences d'observation les deux faits seront toujours des observations ; tandis que dans les sciences expérimentales les deux faits pourront être empruntés à l'expérimentation exclusivement, ou à l'expérimentation et à l'observation à la fois, selon les cas et suivant que l'on pénètre plus ou moins profondément dans l'analyse expérimentale. Un médecin qui observe une maladie dans diverses circonstances, qui raisonne sur l'influence de ces circonstances, et qui en tire des conséquences qui se trouvent contrôlées par d'autres observations, ce médecin fera un raisonnement expérimental, quoiqu'il ne fasse pas d'expériences. Mais s'il veut aller plus loin et connaître le mécanisme intérieur de la maladie, il aura affaire à des phénomènes cachés, alors il devra expérimenter ; mais il raisonnera toujours de même.

Un naturaliste qui observe des animaux dans toutes les conditions de leur existence et qui tire de ces observations des conséquences qui se trouvent vérifiées et contrôlées par d'autres observations, ce naturaliste emploiera la méthode expérimentale, quoiqu'il ne fasse pas de l'expérimentation proprement dite. Mais s'il lui faut aller observer des phénomènes dans l'estomac, il doit imaginer des procédés d'expérimentation plus ou moins complexes pour voir dans une cavité cachée à ses regards. Néanmoins le raisonnement expérimental est toujours le même ; Réaumur et Spallanzani appliquent également la méthode expérimentale quand ils font leurs observations d'histoire naturelle ou leurs expériences sur la digestion. Quand Pascal fit une observation barométrique au bas de la tour Saint-Jacques et qu'il en institua ensuite une autre sur le haut de la tour, on admet qu'il fit une expérience, et cependant ce ne sont que deux observations comparées sur la pression de l'air, exécutées en vue de l'idée préconçue que cette pression devait varier suivant les hauteurs. Au contraire, quand Jenner[1] observait le coucou sur un arbre avec une longue-vue afin de ne point l'effaroucher, il faisait une simple observation, parce qu'il ne la comparait pas à une première pour en tirer une conclusion et porter sur elle un jugement. De même un astronome fait d'abord des observations, et ensuite raisonne sur elles pour en tirer un ensemble de notions qu'il contrôle par des observations faites dans des conditions propres à ce but. Or, cet astronome raisonne comme les expérimentateurs, parce que l'expérience acquise implique partout jugement et comparaison entre deux faits liés dans l'esprit par une idée.

Toutefois, ainsi que nous l'avons déjà dit, il faut bien distinguer l'astronome du savant qui s'occupe des sciences terrestres, en ce que l'astronome est forcé de se borner à l'observation, ne pouvant pas aller dans le ciel expérimenter sur les planètes. C'est là précisément, dans cette puissance de l'investigateur d'agir sur les phénomènes, que se trouve la différence

1. Jenner, *On the natural history of the Cuckoo* (*Philosophical Transactions*, 1788, ch. XVI, p. 432).

qui sépare les sciences dites *d'expérimentation*, des sciences dites *d'observation*.

Laplace considère que l'astronomie est une science d'observation, parce qu'on ne peut qu'observer le mouvement des planètes; on ne saurait en effet les atteindre pour modifier leur marche et leur appliquer l'expérimentation. « Sur la terre, dit Laplace, nous faisons varier les phénomènes par des expériences; dans le ciel, nous déterminons avec soin tous ceux que nous offrent les mouvements célestes[1]. » Certains médecins qualifient la médecine de science d'observation, parce qu'ils ont pensé à tort que l'expérimentation ne lui était pas applicable.

Au fond toutes les sciences raisonnent de même et visent au même but. Toutes veulent arriver à la connaissance de la loi des phénomènes de manière à pouvoir prévoir, faire varier ou maîtriser ces phénomènes. Or, l'astronome prédit les mouvements des astres, il en tire une foule de notions pratiques, mais il ne peut modifier par l'expérimentation les phénomènes célestes comme le font le chimiste et le physicien pour ce qui concerne leur science.

Donc, s'il n'y a pas, au point de vue de la méthode philosophique, de différence essentielle entre les sciences d'observation et les sciences d'expérimentation, il en existe cependant une réelle au point de vue des conséquences pratiques que l'homme peut en tirer, et relativement à la puissance qu'il acquiert par leur moyen. Dans les sciences d'observation, l'homme ob-

1. Laplace, *Système du monde*, ch. II.

serve et raisonne expérimentalement, mais il *n'expérimente pas;* et dans ce sens on pourrait dire qu'une science d'observation est une *science passive*. Dans les sciences d'expérimentation, l'homme observe, mais de plus il agit sur la matière, en analyse les propriétés et provoque à son profit l'apparition de phénomènes, qui sans doute se passent toujours suivant les lois naturelles, mais dans des conditions que la nature n'avait souvent pas encore réalisées. A l'aide de ces *sciences expérimentales actives,* l'homme devient un inventeur de phénomènes, un véritable contremaître de la création; et l'on ne saurait, sous ce rapport, assigner de limites à la puissance qu'il peut acquérir sur la nature, par les progrès futurs des sciences expérimentales.

Maintenant reste la question de savoir si la médecine doit demeurer une science *d'observation* ou devenir une science *expérimentale*. Sans doute la médecine doit commencer par être une simple observation clinique. Ensuite, comme l'organisme forme par lui-même une unité harmonique, un petit monde (*microcosme*) contenu dans le grand monde (*macrocosme*), on a pu soutenir que la vie était indivisible et qu'on devait se borner à *observer* les phénomènes que nous offrent dans leur ensemble les organismes vivants sains et malades, et se contenter de raisonner sur les faits observés. Mais si l'on admet qu'il faille ainsi se limiter, et si l'on pose en principe que la médecine n'est qu'une science passive d'observation, le médecin ne devra pas plus toucher au corps humain que l'astronome ne touche aux planètes. Dès lors l'anatomie normale ou pathologique, les vivisections, appliquées à la physiologie, à la pathologie et à la thérapeutique, tout cela est complètement inutile. La médecine ainsi conçue ne peut conduire qu'à l'expectation et à des prescriptions hygiéniques plus ou moins utiles; mais c'est la négation d'une médecine active, c'est-à-dire d'une thérapeutique scientifique et réelle.

Ce n'est point ici le lieu d'entrer dans l'examen d'une définition aussi importante que celle de la médecine *expérimentale*. Je me réserve de traiter ailleurs cette question avec tout le développement nécessaire. Je me borne à donner simplement ici mon opinion, en disant que je pense que la médecine est destinée à être une science expérimentale et progressive; et c'est précisément par suite de mes convictions à cet égard que je compose cet ouvrage, dans le but de contribuer pour ma part à favoriser le développement de cette médecine scientifique ou expérimentale.

§ V. — L'expérience n'est au fond qu'une observation provoquée.

Malgré la différence importante que nous venons de signaler entre les sciences dites d'observation et les sciences dites d'expérimentation, l'observateur et l'expérimentateur n'en ont pas moins, dans leurs investigations, pour but commun et immédiat d'établir et de constater des faits ou des phénomènes aussi rigoureusement que possible, et à l'aide des moyens les mieux appropriés; ils se comportent absolument comme s'il s'agissait de deux observations ordinaires. Ce n'est en effet qu'une constatation de fait dans les deux cas; la seule différence consiste en ce que le fait que doit constater l'expérimentateur ne s'étant pas présenté naturellement à lui, il a dû le faire apparaître, c'est-à-dire le provoquer par une raison particulière et dans un but déterminé. D'où il suit que l'on peut dire : l'expérience n'est au fond qu'une observation provoquée dans un but quelconque. Dans la méthode expérimentale, la recherche des faits, c'est-à-dire l'investigation, s'accompagne toujours d'un raisonnement, de sorte que le plus ordinairement l'expérimentateur fait une expérience pour contrôler ou vérifier la valeur d'une idée expérimentale. Alors on peut dire que, dans ce cas, l'expérience est une observation provoquée dans un but de contrôle.

Toutefois il importe de rappeler ici, afin de compléter notre définition et de l'étendre aux sciences d'observation, que, pour contrôler une idée, il n'est pas toujours absolument nécessaire de faire soi-même une expérience ou une observation. On sera seulement forcé de recourir à l'expérimentation quand l'observation que l'on doit provoquer n'existe pas toute préparée dans la nature. Mais si une observation est déjà réalisée, soit naturellement, soit accidentellement, soit même par les mains d'un autre investigateur, alors on la prendra toute faite et on l'invoquera simplement pour servir de vérification à l'idée expérimentale. Ce qui se résumerait encore en disant que, dans ce cas, l'expérience n'est qu'une observation *invoquée* dans un but de contrôle. D'où il résulte que, pour raisonner expérimentalement, il faut généralement avoir une idée et invoquer ou provoquer ensuite des faits, c'est-à-dire des observations pour contrôler cette idée préconçue.

Nous examinerons plus loin l'importance de l'idée expérimentale préconçue; qu'il nous suffise de dire dès à présent que l'idée en vertu de laquelle l'expérience est instituée peut être plus ou moins bien définie, suivant la nature du sujet et suivant l'état de perfection de la science dans laquelle on expérimente. En effet, l'idée directrice de l'expérience doit renfermer tout ce qui est déjà connu sur le sujet, afin de guider plus sûrement la recherche vers les problèmes dont la solution peut être féconde pour l'avancement de la science. Dans les sciences constituées, comme la physique et la chimie, l'idée expérimentale se déduit comme une conséquence logique des théories régnantes, et elle est soumise dans un sens bien défini au contrôle de l'expérience; mais quand il s'agit d'une science dans l'enfance, comme la médecine, où existent des questions complexes ou obscures non encore étudiées, l'idée expérimentale ne se dégage pas toujours d'un sujet aussi vague. Que faut-il faire alors? Faut-il s'abstenir et attendre que les observations, en se présentant d'elles-mêmes, nous apportent des idées plus claires? On pourrait souvent attendre longtemps et même en vain; on gagne toujours à expérimenter. Mais dans ces cas on ne pourra se diriger que d'après une sorte d'intuition, suivant les probabilités que l'on apercevra, et même, si le sujet est complètement obscur et inexploré, le physiologiste ne devra pas craindre d'agir même un peu au hasard afin d'essayer, qu'on me permette cette expression vulgaire, de pêcher en eau trouble. Ce qui veut dire qu'il peut espérer, au milieu des perturbations fonctionnelles qu'il produira, voir surgir quelque phénomène imprévu qui lui donnera une idée sur la direction à imprimer à ses recherches. Ces sortes d'expériences de tâtonnement, qui sont extrêmement fréquentes en physiologie, en pathologie et en thérapeutique, à cause de l'état complexe et arriéré de ces sciences, pourraient être appelées des *expériences pour voir*, parce qu'elles sont destinées à faire surgir une première observation imprévue et indéterminée d'avance, mais dont l'apparition pourra suggérer une idée expérimentale et ouvrir une voie de recherche.

Comme on le voit, il y a des cas où l'on expérimente sans avoir une idée probable à vérifier. Cependant l'expérimentation, dans ce cas, n'en est pas moins destinée à provoquer une observation, seulement elle la provoque en vue d'y trouver une idée qui lui indiquera la route ultérieure à suivre dans l'investigation. On peut donc dire alors que l'expérience est une *observation provoquée dans le but de faire naître une idée.*

En résumé, l'*investigateur* cherche et conclut; il comprend l'observateur et l'expérimentateur, il poursuit la découverte d'idées nouvelles, en même temps qu'il cherche des faits pour en tirer une conclusion ou une expérience propre à contrôler d'autres idées.

Dans un sens général et abstrait, l'*expérimentateur* est donc celui qui invoque ou provoque, dans des conditions déterminées, des faits d'observation pour en tirer l'enseignement qu'il désire, c'est-à-dire l'expérience. L'*observateur* est celui qui obtient les faits d'observation et qui juge s'ils sont bien établis et constatés à l'aide de moyens convenables. Sans cela, les conclusions basées sur ces faits seraient sans fondement solide. C'est ainsi que l'expérimentateur doit être en même temps bon observateur, et que, dans la méthode expérimentale, l'expérience et l'observation marchent toujours de front.

§ VI. — Dans le raisonnement expérimental, l'expérimentateur ne se sépare pas de l'observateur.

Le savant qui veut embrasser l'ensemble des principes de la méthode expérimentale doit remplir deux ordres de conditions et posséder deux qualités de l'esprit qui sont indispensables pour atteindre son but et arriver à la découverte de la vérité. D'abord le savant doit avoir une idée qu'il soumet au contrôle des faits; mais en même temps il doit s'assurer que les faits qui servent de point de départ ou de contrôle à son idée, sont justes et bien établis; c'est pourquoi il doit être lui-même à la fois observateur et expérimentateur.

L'*observateur*, avons-nous dit, constate purement et simplement le phénomène qu'il a sous les yeux. Il ne doit avoir d'autre souci que de se prémunir contre les erreurs d'observation qui pourraient lui faire voir incomplètement ou mal définir un phénomène. A cet effet, il met en usage tous les instruments qui pourront l'aider à rendre son observation plus complète. L'observateur doit être le photographe des phénomènes, son observation doit représenter exactement la nature. Il faut observer sans idée préconçue; l'esprit de l'observateur doit être passif, c'est-à-dire se taire; il écoute la nature et écrit sous sa dictée.

Mais une fois le fait constaté et le phénomène bien observé, l'idée arrive, le raisonnement intervient, et l'expérimentateur apparaît pour interpréter le phénomène.

L'*expérimentateur,* comme nous le savons déjà, est celui qui, en vertu d'une interprétation plus ou moins probable, mais anticipée, des phénomènes observés, institue l'expérience de manière que, dans l'ordre logique de ses prévisions, elle fournisse un résultat qui serve de contrôle à l'hypothèse ou à l'idée préconçue. Pour cela l'expérimentateur réfléchit, essaye, tâtonne, compare et combine pour trouver les conditions expérimentales les plus propres à atteindre le but qu'il se propose. Il faut nécessairement expérimenter avec une idée préconçue. L'esprit de l'expérimentateur doit être actif, c'est-à-dire qu'il doit interroger la nature et lui poser les questions dans tous les sens, suivant les diverses hypothèses qui lui sont suggérées.

Mais, une fois les conditions de l'expérience instituées et mises en œuvre d'après l'idée préconçue ou la vue anticipée de l'esprit, il va, ainsi que nous l'avons déjà dit, en résulter une *observation provoquée* ou *préméditée.* Il s'ensuit l'apparition de phénomènes que l'expérimentateur a déterminés, mais qu'il s'agira de *constater* d'abord, afin de savoir ensuite quel contrôle on pourra en tirer relativement à l'idée expérimentale qui les a fait naître.

Or, dès le moment où le résultat de l'expérience se manifeste, l'expérimentateur se trouve en face d'une véritable observation qu'il a provoquée, et qu'il faut constater, comme toute observation, sans aucune idée préconçue. L'expérimentateur doit alors disparaître, ou plutôt se transformer instantanément en observateur; et ce n'est qu'après qu'il aura constaté les résultats de l'expérience absolument comme ceux d'une observation ordinaire, que son esprit reviendra pour raisonner, comparer et juger si l'hypothèse expérimentale est vérifiée ou infirmée par ces mêmes résultats. Pour continuer la comparaison énoncée plus haut, je dirai que l'expérimentateur pose des questions à la nature; mais que, dès qu'elle parle, il doit se taire; il doit constater ce qu'elle répond, l'écouter jusqu'au bout, et, dans tous les cas, se soumettre à ses décisions. L'expérimentateur doit forcer la nature à se dévoiler, a-t-on dit. Oui, sans doute, l'expérimentateur force la nature à se dévoiler, en l'attaquant et en lui posant des questions dans tous les sens; mais il ne doit jamais répondre pour elle ni écouter incomplètement ses réponses en ne prenant dans l'expérience que la partie des résultats qui favorisent ou confirment l'hypothèse. Nous verrons ultérieurement que c'est là un des plus grands écueils de la méthode expérimentale. L'expérimentateur qui continue à garder son idée préconçue, et qui ne constate les résultats de l'expérience qu'à ce point de vue, tombe nécessairement dans l'erreur, parce qu'il néglige de constater ce qu'il n'avait pas prévu et fait alors une observation incomplète. L'expérimentateur ne doit pas tenir à son idée autrement que comme à un moyen de solliciter une réponse de la nature. Mais il doit *soumettre* son idée à la nature et être prêt à l'abandonner, à la modifier ou à la changer, suivant ce que l'observation des phénomènes qu'il a provoqués lui enseignera.

Il y a donc deux opérations à considérer dans une expérience. La première consiste à *préméditer* et à réaliser les conditions de l'expérience; la deuxième consiste à *constater* les résultats de l'expérience. Il n'est pas possible d'instituer une expérience sans une idée préconçue; instituer une expérience, avons-nous dit, c'est poser une question; on ne conçoit jamais une question sans l'idée qui sollicite la réponse. Je considère donc, en principe absolu, que l'expérience doit toujours être instituée en vue d'une idée préconçue, peu importe que cette idée soit plus ou moins vague, plus ou moins bien définie. Quant à la constatation des résultats de l'expérience, qui n'est elle-même qu'une observation provoquée, je pose également en principe qu'elle doit être faite là comme dans toute autre observation, c'est-à-dire sans idée préconçue.

On pourrait encore distinguer et séparer dans l'expérimentateur celui qui prémédite et institue l'expérience, de celui qui en réalise l'exécution ou en constate les résultats. Dans le premier cas, c'est l'esprit de l'inventeur scientifique qui agit; dans le second, ce sont les sens qui observent ou constatent. La preuve de ce que j'avance nous est fournie de la manière la plus frappante par l'exemple de Fr. Huber[1]. Ce grand naturaliste, quoique aveugle, nous a laissé d'admirables expériences qu'il concevait et faisait ensuite exécuter par son domestique, qui n'avait pour sa part

1. François Huber, *Nouvelles Observations sur les Abeilles*, 2e édition augmentée par son fils, Pierre Huber. Genève, 1814.

aucune idée scientifique. Huber était donc l'esprit directeur qui instituait l'expérience ; mais il était obligé d'emprunter les sens d'un autre. Le domestique représentait les sens passifs qui obéissent à l'intelligence pour réaliser l'expérience instituée en vue d'une idée préconçue.

Ceux qui ont condamné l'emploi des hypothèses et des idées préconçues dans la méthode expérimentale ont eu tort de confondre l'invention de l'expérience avec la constatation de ses résultats. Il est vrai de dire qu'il faut constater les résultats de l'expérience avec un esprit dépouillé d'hypothèses et d'idées préconçues. Mais il faudrait bien se garder de proscrire l'usage des hypothèses et des idées quand il s'agit d'instituer l'expérience ou d'imaginer des moyens d'observation. On doit, au contraire, comme nous le verrons bientôt, donner libre carrière à son imagination ; c'est l'idée qui est le principe de tout raisonnement et de toute invention, c'est à elle que revient toute espèce d'initiative. On ne saurait l'étouffer ni la chasser sous prétexte qu'elle peut nuire, il ne faut que la régler et lui donner un criterium, ce qui est bien différent.

Le savant complet est celui qui embrasse à la fois la théorie et la pratique expérimentale. 1° Il constate un fait ; 2° à propos de ce fait, une idée naît dans son esprit ; 3° en vue de cette idée, il raisonne, institue une expérience, en imagine et en réalise les conditions matérielles ; 4° de cette expérience résultent de nouveaux phénomènes qu'il faut observer, et ainsi de suite. L'esprit du savant se trouve en quelque sorte toujours placé entre deux observations : l'une qui sert de point de départ au raisonnement, et l'autre qui lui sert de conclusion.

Pour être plus clair, je me suis efforcé de séparer les diverses opérations du raisonnement expérimental. Mais quand tout cela se passe à la fois dans la tête d'un savant qui se livre à l'investigation dans une science aussi confuse que l'est encore la médecine, alors il y a un enchevêtrement tel, entre ce qui résulte de l'observation et ce qui appartient à l'expérience, qu'il serait impossible et d'ailleurs inutile de vouloir analyser dans leur mélange inextricable chacun de ces termes. Il suffira de retenir en principe que l'idée à priori ou mieux l'hypothèse est le stimulus de l'expérience, et qu'on doit s'y laisser aller librement, pourvu qu'on observe les résultats de l'expérience d'une manière rigoureuse et complète. Si l'hypothèse ne se vérifie pas et disparaît, les faits qu'elle aura servi à trouver resteront néanmoins acquis comme des matériaux inébranlables de la science.

L'observateur et l'expérimentateur répondraient donc à des phases différentes de la recherche expérimentale. L'*observateur* ne raisonne plus, il constate; l'*expérimentateur*, au contraire, raisonne et se fonde sur les faits acquis pour en imaginer et en provoquer rationnellement d'autres. Mais, si l'on peut, dans la théorie et d'une manière abstraite, distinguer l'observateur de l'expérimentateur, il semble impossible dans la pratique de les séparer, puisque nous voyons que nécessairement le même investigateur est alternativement observateur et expérimentateur.

C'est en effet ainsi que cela a lieu constamment quand un même savant découvre et développe à lui seul toute une question scientifique. Mais il arrive le plus souvent que, dans l'évolution de la science, les diverses parties du raisonnement expérimental sont le partage de plusieurs hommes. Ainsi il en est qui, soit en médecine, soit en histoire naturelle, n'ont fait que recueillir et rassembler des observations; d'autres ont pu émettre des hypothèses plus ou moins ingénieuses et plus ou moins probables fondées sur ces observations; puis d'autres sont venus réaliser expérimentalement les conditions propres à faire naître l'expérience qui devait contrôler ces hypothèses; enfin il en est d'autres qui se sont appliqués plus particulièrement à généraliser et à systématiser les résultats obtenus par les divers observateurs et expérimentateurs. Ce morcellement du domaine expérimental est une chose utile, parce que chacune de ses diverses parties s'en trouve mieux cultivée. On conçoit, en effet, que dans certaines sciences les moyens d'observation et d'expérimentation devenant des instruments tout à fait spéciaux, leur maniement et leur emploi exigent une certaine habitude et réclament une certaine habileté manuelle ou le perfectionnement de certains sens. Mais si j'admets la *spécialité* pour ce qui est pratique dans la science, je la repousse d'une manière absolue pour tout ce qui est théorique. Je considère en effet que faire sa spécialité des généralités est un principe antiphilosophique et antiscientifique, quoiqu'il ait été proclamé par une école philosophique moderne qui se pique d'être fondée sur les sciences.

— Toutefois la science expérimentale ne saurait avancer par un seul des côtés de la méthode pris séparément ; elle ne marche que par la réunion de toutes les parties de la méthode concourant vers un but commun. Ceux qui recueillent des observations ne sont utiles que parce que ces observations sont ultérieurement introduites dans le raisonnement expérimental ; autrement l'accumulation indéfinie d'observations ne conduirait à rien. Ceux qui émettent des hypothèses à propos des observations recueillies par les autres, ne sont utiles qu'autant que l'on cherchera à vérifier ces hypothèses en expérimentant ; autrement ces hypothèses non vérifiées ou non vérifiables par l'expérience n'engendreraient que des systèmes, et nous reporteraient à la scolastique. Ceux qui expérimentent, malgré toute leur habileté, ne résoudront pas les questions s'ils ne sont inspirés par une hypothèse heureuse fondée sur des observations exactes et bien faites. Enfin ceux qui généralisent ne pourront faire des théories durables qu'autant qu'ils connaîtront par eux-mêmes tous les détails scientifiques que ces théories sont destinées à représenter. Les généralités scientifiques doivent remonter des particularités aux principes ; et les principes sont d'autant plus stables qu'ils s'appuient sur des détails plus profonds, de même qu'un pieu est d'autant plus solide qu'il est enfoncé plus avant dans la terre.

On voit donc que tous les termes de la méthode expérimentale sont solidaires les uns des autres. Les faits sont les matériaux nécessaires ; mais c'est leur mise en œuvre par le raisonnement expérimental, c'est-à-dire la théorie, qui constitue et édifie véritablement la science. L'idée formulée par les faits représente la science. L'hypothèse expérimentale n'est que l'idée scientifique, préconçue ou anticipée. La théorie n'est que l'idée scientifique contrôlée par l'expérience. Le raisonnement ne sert qu'à donner une forme à nos idées, de sorte que tout se ramène primitivement et finalement à une idée. C'est l'idée qui constitue, ainsi que nous allons le voir, le point de départ ou le *primum movens* de tout raisonnement scientifique, et c'est elle qui en est également le but dans l'aspiration de l'esprit *vers l'inconnu*.

CHAPITRE II

DE L'IDÉE A PRIORI ET DU DOUTE DANS LE RAISONNEMENT EXPÉRIMENTAL

Chaque homme se fait de prime abord des idées sur ce qu'il voit, et il est porté à interpréter les phénomènes de la nature par anticipation, avant de les connaître par expérience. Cette tendance est spontanée; une idée préconçue a toujours été et sera toujours le premier élan d'un esprit investigateur. Mais la méthode expérimentale a pour objet de transformer cette conception *à priori*, fondée sur une intuition ou un sentiment vague des choses, en une interprétation *à posteriori* établie sur l'étude expérimentale des phénomènes. C'est pourquoi on a aussi appelé la méthode expérimentale, la *méthode à posteriori*.

L'homme est naturellement métaphysicien et orgueilleux; il a pu croire que les créations idéales de son esprit qui correspondent à ses sentiments représentaient aussi la réalité. D'où il suit que la méthode expérimentale n'est point primitive et naturelle à l'homme, et que ce n'est qu'après avoir erré longtemps dans les discussions théologiques et scolastiques qu'il a fini par reconnaître la stérilité de ses efforts dans cette voie. L'homme s'aperçut alors qu'il ne peut dicter des lois à la nature, parce qu'il ne possède pas en lui-même la connaissance et le criterium des choses extérieures, et il comprit que, pour arriver à la vérité, il doit, au contraire, étudier les lois naturelles et soumettre ses idées, sinon sa raison, à l'expérience, c'est-à-dire au criterium des faits. Toutefois, la manière de procéder de l'esprit humain n'est pas changée au fond pour cela. Le métaphysicien, le scolastique et l'expérimentateur procèdent tous par une idée *à priori*. La différence consiste en ce que le scolastique impose son idée comme une vérité absolue qu'il a trouvée; et dont il déduit ensuite par la logique seule toutes les conséquences. L'expérimentateur, plus modeste, pose au contraire son idée comme une question, comme une interprétation anticipée de la nature, plus ou moins probable, dont il déduit logiquement des conséquences qu'il confronte à chaque instant avec la réalité au moyen de l'expérience. Il marche ainsi des vérités partielles à des vérités plus générales, mais sans jamais oser prétendre qu'il tient la vérité abolue. Celle-ci, en effet, si on la possédait sur un point quelconque, on l'aurait partout; car l'absolu ne laisse rien en dehors de lui.

L'idée expérimentale est donc aussi une idée *à priori*, mais c'est une idée qui se présente sous la forme d'une hypothèse dont les conséquences doivent être soumises au criterium expérimental afin d'en juger la valeur. L'esprit de l'expérimentateur se distingue de celui du métaphysicien et du scolastique par la modestie, parce que, à chaque instant, l'expérience lui donne la conscience de son ignorance relative et absolue. En instruisant l'homme, la science expérimentale a pour effet de diminuer de plus en plus son orgueil, en lui prouvant chaque jour que les causes premières, ainsi que la réalité objective des choses, lui seront à jamais cachées, et qu'il ne peut connaître que des relations. C'est là en effet le but unique de toutes les sciences, ainsi que nous le verrons plus loin.

L'esprit humain, aux diverses périodes de son évolution, a passé successivement par le *sentiment*, la *raison* et l'*expérience*. D'abord le sentiment, seul s'imposant à la raison, créa les vérités de foi, c'est-à-dire la théologie. La raison ou la philosophie, devenant ensuite la maîtresse, enfanta la scolastique. Enfin, l'expérience, c'est-à-dire l'étude des phénomènes naturels, apprit à l'homme que les vérités du monde extérieur ne se trouvent formulées de prime abord ni dans le sentiment ni dans la raison. Ce sont seulement nos guides indispensables; mais, pour obtenir ces vérités, il faut nécessairement descendre dans la réalité objective des choses où elles se trouvent cachées avec leur forme phénoménale.

C'est ainsi qu'apparut par le progrès naturel des choses la méthode expérimentale qui résume tout et qui, comme nous le verrons bientôt, s'appuie successivement sur les trois branches de ce trépied immuable : le *sentiment*, la *raison* et l'*expérience*. Dans la recherche de la vérité, au moyen de cette méthode, le sentiment a toujours l'initiative, il engendre l'idée *à priori* ou l'intuition; la raison ou le raisonnement développe ensuite l'idée et déduit ses conséquences logiques. Mais si le sentiment doit être éclairé par les lumières de la raison, la raison à son tour doit être guidée par l'expérience.

§ I. — Les vérités expérimentales sont objectives ou extérieures.

La méthode expérimentale ne se rapporte qu'à la recherche des vérités objectives, et non à celle des vérités subjectives.

De même que dans le corps de l'homme il y a deux ordres de fonctions, les unes qui sont conscientes, et les autres qui ne le sont pas, de même dans son esprit il y a deux ordres de vérités ou de notions, les unes conscientes, intérieures ou subjectives, les autres inconscientes, extérieures ou objectives. Les vérités subjectives sont celles qui découlent de principes dont l'esprit a conscience et qui apportent en lui le sentiment d'une évidence absolue et nécessaire. En effet, les plus grandes vérités ne sont au fond qu'un sentiment de notre esprit; c'est ce qu'a voulu dire Descartes dans son fameux aphorisme.

Nous avons dit, d'un autre côté, que l'homme ne connaîtrait jamais ni les causes premières ni l'essence des choses. Dès lors la vérité n'apparaît jamais à son esprit que sous la forme d'une relation ou d'un *rapport* absolu et nécessaire. Mais ce rapport ne peut être absolu qu'autant que les conditions en sont simples et subjectives, c'est-à-dire que l'esprit a la conscience qu'il les connaît toutes. Les mathématiques représentent les rapports des choses dans les conditions d'une simplicité idéale. Il en résulte que ces principes ou rapports, une fois trouvés, sont acceptés par l'esprit comme des vérités absolues, c'est-à-dire indépendantes de la réalité. On conçoit dès lors que toutes les déductions logiques d'un raisonnement mathématique soient aussi certaines que leur principe et qu'elles n'aient pas besoin d'être vérifiées par l'expérience. Ce serait vouloir mettre les sens au-dessus de la raison, et il serait absurde de chercher à prouver ce qui est vrai absolument pour l'esprit et ce qu'il ne pourrait concevoir autrement.

Mais quand, au lieu de s'exercer sur des rapports subjectifs dont son esprit a créé les conditions, l'homme veut connaître les rapports objectifs de la nature qu'il n'a pas créés, immédiatement le criterium intérieur et conscient lui fait défaut. Il a toujours la conscience, sans doute, que, dans le monde objectif ou extérieur, la vérité est également constituée par des rapports nécessaires, mais la connaissance des conditions de ces rapports lui manque. Il faudrait, en effet, qu'il eût créé ces conditions pour en posséder la connaissance et la conception absolues.

Toutefois l'homme doit croire que les rapports objectifs des phénomènes du monde extérieur pourraient acquérir la certitude des vérités subjectives s'ils étaient réduits à un état de simplicité que son esprit pût embrasser complètement. C'est ainsi que dans l'étude des phénomènes naturels les plus simples, la science expérimentale a saisi certains rapports qui paraissent absolus. Telles sont les propositions qui servent de principes à la mécanique rationnelle et à quelques branches de la physique mathématique. Dans ces sciences, en effet, on raisonne par une déduction logique que l'on ne soumet pas à l'expérience, parce qu'on admet, comme en mathématiques, que, le principe étant vrai, les conséquences le sont aussi. Toutefois, il y a là une grande différence à signaler, en ce sens que le point de départ n'est plus ici une vérité *subjective* et consciente, mais une vérité *objective* et inconsciente empruntée à l'observation ou à l'expérience. Or, cette vérité n'est jamais que relative au nombre d'expériences et d'observations qui ont été faites. Si jusqu'à présent aucune observation n'a démenti la vérité en question, l'esprit ne conçoit pas pour cela l'impossibilité que les choses se passent autrement. De sorte que c'est toujours par hypothèse qu'on admet le principe absolu. C'est pourquoi l'application de l'analyse mathématique à des phénomènes naturels, quoique très simples, peut avoir des dangers si la vérification expérimentale est repoussée d'une manière complète. Dans ce cas, l'analyse mathématique devient un instrument aveugle si on ne la retrempe de temps en temps au foyer de l'expérience. J'exprime ici une pensée émise par beaucoup de grands mathématiciens et de grands physiciens, et, pour rapporter une des opinions les plus autorisées en pareille matière, je citerai ce que mon savant confrère et ami M. J. Bertrand a écrit à ce sujet dans son bel éloge de Sénarmont : « La géométrie ne doit être pour le physicien qu'un puissant auxiliaire : quand elle a poussé les principes à leurs dernières conséquences, il lui est impossible de faire davantage, et l'incertitude du point de départ ne peut que s'accroître par l'aveugle logique de l'analyse, si l'expérience ne vient à chaque pas servir de boussole et de règle[1]. »

La mécanique rationnelle et la physique mathématique forment donc le passage entre les mathématiques proprement dites et les sciences expérimentales. Elles renferment les cas les plus simples. Mais, dès que nous entrons dans la physique et dans la chimie, et à plus forte raison dans la biologie, les phénomènes se compliquent de rapports tellement nombreux, que les principes représentés par les théories, auxquels nous avons pu nous élever, ne sont que provisoires et tellement hypothétiques, que nos déductions, bien que très logiques, sont complètement incertaines, et ne sauraient dans aucun cas se passer de la vérification expérimentale.

En un mot, l'homme peut rapporter tous ses raisonnements à deux criterium : l'un intérieur et conscient, qui est certain et absolu; l'autre extérieur et inconscient, qui est expérimental et relatif.

Quand nous raisonnons sur les objets extérieurs, mais en les considérant par rapport à nous suivant l'agrément ou le désagrément qu'ils nous causent, suivant leur utilité ou leurs inconvénients, nous possédons encore dans nos sensations un criterium intérieur. De même, quand nous raisonnons sur nos propres actes, nous avons également un guide certain, parce que nous avons conscience de ce que nous pensons et de ce que nous sentons. Mais si nous voulons

1. J. Bertrand, *Éloge de M. Sénarmont*, discours prononcé à la 6e séance publique et annuelle de la Société de secours des amis des sciences.

juger les actes d'un autre homme et savoir les mobiles qui le font agir, c'est tout différent. Sans doute nous avons devant les yeux les mouvements de cet homme et ses manifestations qui sont, nous en sommes sûrs, les modes d'expression de sa sensibilité et de sa volonté. De plus, nous admettons encore qu'il y a un rapport nécessaire entre les actes et leur cause; mais quelle est cette cause? Nous ne la sentons pas en nous, nous n'en avons pas conscience comme quand il s'agit de nous-même; nous sommes donc obligés de l'interpréter et de la supposer d'après les mouvements que nous voyons et les paroles que nous entendons. Alors nous devons contrôler les actes de cet homme les uns par les autres; nous considérons comment il agit dans telle ou telle circonstance, et, en un mot, nous recourons à la méthode expérimentale. De même quand le savant considère les phénomènes naturels qui l'entourent et qu'il veut les connaître en eux-mêmes et dans leurs rapports mutuels et complexes de causalité, tout criterium intérieur lui fait défaut, et il est obligé d'invoquer l'expérience pour contrôler les suppositions et les raisonnements qu'il fait à leur égard. L'expérience, suivant l'expression de Gœthe, devient alors la seule médiatrice entre l'objectif et le subjectif[1], c'est-à-dire entre le savant et les phénomènes qui l'environnent.

Le raisonnement expérimental est donc le seul que le naturaliste et le médecin puissent employer pour chercher la vérité et en approcher autant que possible.

1. Gœthe, *Œuvres d'histoire naturelle*, traduction de M. Ch. Martins, Introduction, p. I.

En effet, par sa nature même de criterium extérieur et inconscient, l'expérience ne donne que la vérité relative, sans jamais pouvoir prouver à l'esprit qu'il la possède d'une manière absolue.

L'expérimentateur qui se trouve en face des phénomènes naturels ressemble à un spectateur qui observe des scènes muettes. Il est en quelque sorte le juge d'instruction de la nature; seulement, au lieu d'être aux prises avec des hommes qui cherchent à le tromper par des aveux mensongers ou par de faux témoignages, il a affaire à des phénomènes naturels qui sont pour lui des personnages dont il ne connaît ni le langage ni les mœurs, qui vivent au milieu de circonstances qui lui sont inconnues, et dont il veut cependant savoir les intentions. Pour cela il emploie tous les moyens qui sont en sa puissance. Il observe leurs actions, leur marche, leurs manifestations, et il cherche à en démêler la cause au moyen de tentatives diverses, appelées expériences. Il emploie tous les artifices imaginables et, comme on le dit vulgairement, il plaide souvent le faux pour savoir le vrai. Dans tout cela l'expérimentateur raisonne nécessairement d'après lui-même et prête à la nature ses propres idées. Il fait des suppositions sur la cause des actes qui se passent devant lui, et, pour savoir si l'hypothèse qui sert de base à son interprétation est juste, il s'arrange pour faire apparaître des faits qui, dans l'ordre logique, puissent être la confirmation ou la négation de l'idée qu'il a conçue. Or, je le répète, c'est ce contrôle logique qui seul peut l'instruire et lui donner l'*expérience*. Le naturaliste qui observe des animaux dont il veut connaître les mœurs et les habitudes, le physiologiste et le médecin qui veulent étudier les fonctions cachées des corps vivants, le physicien et le chimiste qui déterminent les phénomènes de la matière brute ; tous sont dans le même cas, ils ont devant eux des manifestations qu'ils ne peuvent interpréter qu'à l'aide du criterium expérimental, le seul dont nous ayons à nous occuper ici.

§ II. — L'intuition ou le sentiment engendre l'idée expérimentale.

Nous avons dit plus haut que la méthode expérimentale s'appuie successivement sur le *sentiment*, la *raison* et l'*expérience*.

Le sentiment engendre l'idée ou l'hypothèse expérimentale, c'est-à-dire l'interprétation anticipée des phénomènes de la nature. Toute l'initiative expérimentale est dans l'idée, car c'est elle qui provoque l'expérience. La raison ou le raisonnement ne servent qu'à déduire les conséquences de cette idée et à les soumettre à l'expérience.

Une idée anticipée ou une hypothèse est donc le point de départ nécessaire de tout raisonnement expérimental. Sans cela on ne saurait faire aucune investigation ni s'instruire ; on ne pourrait qu'entasser des observations stériles. Si l'on *expérimentait* sans idée préconçue, on irait à l'aventure ; mais d'un autre côté, ainsi que nous l'avons dit ailleurs, si l'on *observait* avec des idées préconçues, on ferait de mauvaises observations et l'on serait exposé à prendre les conceptions de son esprit pour la réalité.

Les idées expérimentales ne sont point innées. Elles ne surgissent point spontanément, il leur faut une occasion ou un excitant extérieur, comme cela a lieu dans toutes les fonctions physiologiques. Pour avoir une première idée des choses, il faut voir ces choses; pour avoir une idée sur un phénomène de la nature, il faut d'abord l'*observer*. L'esprit de l'homme ne peut concevoir un effet sans cause, de telle sorte que la vue d'un phénomène éveille toujours en lui une idée de causalité. Toute la connaissance humaine se borne à remonter des effets observés à leur cause. A la suite d'une observation, une idée relative à la cause du phénomène observé se présente à l'esprit; puis on introduit cette idée anticipée dans un raisonnement en vertu duquel on fait des expériences pour la contrôler.

Les idées expérimentales, comme nous le verrons plus tard, peuvent naître soit à propos d'un fait observé par hasard, soit à la suite d'une tentative expérimentale, soit comme corollaires d'une théorie admise. Ce qu'il faut seulement noter pour le moment, c'est que l'idée expérimentale n'est point arbitraire ni purement imaginaire; elle doit avoir toujours un point d'appui dans la réalité observée, c'est-à-dire dans la nature. L'hypothèse expérimentale, en un mot, doit toujours être fondée sur une *observation* antérieure. Une autre condition essentielle de l'hypothèse, c'est qu'elle soit aussi probable que possible et qu'elle soit vérifiable expérimentalement. En effet, si l'on faisait une hypothèse que l'expérience ne pût pas vérifier, on sortirait par cela même de la méthode expérimentale pour tomber dans les défauts des scolastiques et des systématiques.

Il n'y a pas de règles à donner pour faire naître dans le cerveau, à propos d'une observation donnée, une idée juste et féconde qui soit pour l'expérimentateur une sorte d'anticipation intuitive de l'esprit vers une recherche heureuse. L'idée une fois émise, on peut seulement dire comment il faut la soumettre à des préceptes définis et à des règles logiques précises dont aucun expérimentateur ne saurait s'écarter; mais son apparition a été toute spontanée, et sa nature est tout individuelle. C'est un sentiment particulier, un *quid proprium* qui constitue l'originalité, l'invention ou le génie de chacun. Une idée neuve apparaît comme une relation nouvelle ou inattendue que l'esprit aperçoit entre les choses. Toutes les intelligences se ressemblent sans doute, et des idées semblables peuvent naître chez tous les hommes, à l'occasion de certains rapports simples des objets que tout le monde peut saisir. Mais comme les sens, les intelligences n'ont pas toutes la même puissance ni la même acuité, et il est des rapports subtils et délicats qui ne peuvent être sentis, saisis et dévoilés que par des esprits plus perspicaces, mieux doués ou placés dans un milieu intellectuel qui les prédispose d'une manière favorable.

Si les faits donnaient nécessairement naissance aux idées, chaque fait nouveau devrait engendrer une idée nouvelle. Cela a lieu, il est vrai, le plus souvent; car il est des faits nouveaux qui, par leur nature, font venir la même idée nouvelle à tous les hommes placés dans les mêmes conditions d'instruction antérieure. Mais il est aussi des faits qui ne disent rien à l'esprit du plus grand nombre, tandis qu'ils sont lumineux pour d'autres. Il arrive même qu'un fait ou une observation reste très longtemps devant les yeux d'un savant sans lui rien inspirer; puis tout à coup vient un trait de lumière, et l'esprit interprète le même fait tout autrement qu'auparavant et lui trouve des rapports tout nouveaux. L'idée neuve apparaît alors avec la rapidité de l'éclair comme une sorte de révélation subite; ce qui prouve bien que dans ce cas la découverte réside dans un sentiment des choses qui est non seulement personnel, mais qui est même relatif à l'état actuel dans lequel se trouve l'esprit.

La méthode expérimentale ne donnera donc pas des idées neuves et fécondes à ceux qui n'en ont pas; elle servira seulement à diriger les idées chez ceux qui en ont et à les développer afin d'en retirer les meilleurs résultats possibles. L'idée, c'est la graine; la méthode, c'est le sol qui lui fournit les conditions de se développer, de prospérer et de donner les meilleurs fruits suivant sa nature. Mais de même qu'il ne poussera jamais dans le sol que ce qu'on y sème, de même il ne se développera par la méthode expérimentale que les idées qu'on lui soumet. La méthode par elle-même n'enfante rien, et c'est une erreur de certains philosophes d'avoir accordé trop de puissance à la méthode sous ce rapport.

L'idée expérimentale résulte d'une sorte de pressentiment de l'esprit qui juge que les choses doivent se passer d'une certaine manière. On peut dire sous ce rapport que nous avons dans l'esprit l'intuition ou le sentiment des lois de la nature, mais nous n'en connaissons pas la forme. L'expérience peut seule nous l'apprendre.

Les hommes qui ont le pressentiment des vérités nouvelles sont rares; dans toutes les sciences, le plus grand nombre des hommes développe et poursuit les idées d'un petit nombre d'autres. Ceux qui font des *découvertes* sont les promoteurs d'idées neuves et fécondes. On donne généralement le nom de découverte à la connaissance d'un fait nouveau; mais je pense que c'est l'idée qui se rattache au fait découvert qui constitue en réalité la découverte. Les faits ne sont ni grands ni petits par eux-mêmes. Une grande découverte est un fait qui, en apparaissant dans la science, a donné naissance à des idées lumineuses, dont la clarté a dissipé un grand nombre d'obscurités et montré des voies nouvelles. Il y a d'autres faits qui, bien que nouveaux, n'apprennent que peu de choses; ce sont alors de petites découvertes. Enfin il y a des faits nouveaux qui, quoique bien observés, n'apprennent rien à personne; ils restent, pour le moment, isolés et stériles dans la science : c'est ce qu'on pourrait appeler le fait brut ou le fait brutal.

La découverte est donc l'idée neuve qui surgit à propos d'un fait trouvé par hasard ou autrement. Par conséquent, il ne saurait y avoir de méthode pour faire des découvertes, parce que les théories philosophiques ne peuvent pas plus donner le sentiment inventif et la justesse de l'esprit à ceux qui ne les possèdent pas, que la connaissance des théories acoustiques ou optiques ne peut donner une oreille juste ou une bonne vue à ceux qui en sont naturellement privés. Seulement les bonnes méthodes peuvent nous apprendre à développer et à mieux utiliser les facultés que la nature nous a dévolues, tandis que les mauvaises méthodes peuvent nous empêcher d'en tirer un heureux profit. C'est ainsi que le génie de l'invention, si précieux dans les sciences, peut être diminué ou même étouffé par une mauvaise méthode, tandis qu'une bonne méthode peut l'accroître et le développer. En un mot, une bonne méthode favorise le développement scientifique et prémunit le savant contre les causes d'erreurs si nombreuses qu'il rencontre dans la recherche de la vérité ; c'est là le seul objet que puisse se proposer la méthode expérimentale. Dans les sciences biologiques, ce rôle de la méthode est encore plus important que dans les autres, par suite de la complexité immense des phénomènes et des causes d'erreur sans nombre que cette complexité introduit dans l'expérimentation. Toutefois, même au point de vue biologique, nous ne saurions avoir la prétention de traiter ici de la méthode expérimentale d'une manière complète ; nous devons nous borner à donner quelques principes généraux, qui pourront guider l'esprit de celui qui se livre aux recherches de médecine expérimentale.

§ III. — L'expérimentateur doit douter, fuir les idées fixes et garder toujours sa liberté d'esprit.

La première condition que doit remplir un savant qui se livre à l'investigation dans les phénomènes naturels, c'est de conserver une entière liberté d'esprit assise sur le doute philosophique. Il ne faut pourtant point être sceptique; il faut croire à la science, c'est-à-dire au déterminisme, au rapport absolu et nécessaire des choses, aussi bien dans les phénomènes propres aux êtres vivants que dans tous les autres; mais il faut en même temps être bien convaincu que nous n'avons ce rapport que d'une manière plus ou moins approximative, et que les théories que nous possédons sont loin de représenter des vérités immuables. Quand nous faisons une théorie générale dans nos sciences, la seule chose dont nous soyons certains, c'est que toutes ces théories sont fausses absolument parlant. Elles ne sont que des vérités partielles et provisoires qui nous sont nécessaires, comme des degrés sur lesquels nous nous reposons, pour avancer dans l'investigation; elles ne représentent que l'état actuel de nos connaissances, et, par conséquent, elles devront se modifier avec l'accroissement de la science, et d'autant plus souvent que les sciences sont moins avancées dans leur évolution. D'un autre côté, nos idées, ainsi que nous l'avons dit, nous viennent à la vue des faits qui ont été préalablement observés et que nous interprétons ensuite. Or, des causes d'erreurs sans nombre peuvent se glisser dans nos observations, et, malgré toute notre attention et notre sagacité, nous ne sommes jamais sûrs d'avoir tout vu, parce que souvent les moyens de constatation nous manquent ou sont trop imparfaits. De tout cela, il résulte donc que, si le raisonnement nous guide dans la science expérimentale, il ne nous impose pas nécessairement ses conséquences. Notre esprit peut toujours rester libre de les accepter ou de les discuter. Si une idée se présente à nous, nous ne devons pas la repousser par cela seul qu'elle n'est pas d'accord avec les conséquences logiques d'une théorie régnante. Nous pouvons suivre notre sentiment et notre idée, donner carrière à notre imagination, pourvu que toutes nos idées ne soient que des prétextes à instituer des expériences nouvelles qui puissent nous fournir des faits probants ou inattendus et féconds.

Cette liberté que garde l'expérimentateur est, ainsi que je l'ai dit, fondée sur le doute philosophique. En effet, nous devons avoir conscience de l'incertitude de nos raisonnements à cause de l'obscurité de leur point de départ. Ce point de départ repose toujours au fond sur des hypothèses ou sur des théories plus ou moins imparfaites, suivant l'état d'avancement des sciences. En biologie et particulièrement en médecine, les théories sont si précaires, que l'expérimentateur garde presque toute sa liberté. En chimie et en physique, les faits deviennent plus simples, les sciences sont plus avancées, les théories sont plus assurées, et l'expérimentateur doit en tenir un plus grand compte et accorder une plus grande importance aux conséquences du raisonnement expérimental fondé sur elles. Mais encore ne doit-il jamais donner une valeur absolue à ces théories. De nos jours, on a vu des grands physiciens faire des découvertes du premier ordre à l'occasion d'expériences instituées d'une manière illogique par rapport aux théories admises. L'astronome a assez de confiance dans les principes de sa science pour construire avec eux des théories mathématiques, mais cela ne l'empêche pas de les vérifier et de les contrôler par des observations directes; ce précepte même, ainsi que nous l'avons vu, ne doit pas être négligé en mécanique rationnelle. Mais dans les mathématiques, quand on part d'un axiome ou d'un principe dont la vérité est absolument nécessaire et consciente, la liberté n'existe plus; les vérités acquises sont immuables. Le géomètre n'est pas libre de mettre en doute si les trois angles d'un triangle sont égaux ou non à deux droits; par conséquent, il n'est pas libre de rejeter les conséquences logiques qui se déduisent de ce principe.

Si un médecin se figurait que ses raisonnements ont la valeur de ceux d'un mathématicien, il serait dans la plus grande des erreurs et serait conduit aux conséquences les plus fausses. C'est malheureusement ce qui est arrivé et ce qui arrive encore pour les hommes que j'appellerai des systématiques. En effet, ces hommes partent d'une idée fondée plus ou moins sur l'observation et qu'ils considèrent comme une vérité absolue. Alors ils raisonnent logiquement et sans expérimenter, et arrivent, de conséquence en conséquence, à construire un système qui est logique, mais qui n'a aucune réalité scientifique. Souvent les personnes superficielles se laissent éblouir par cette apparence de logique, et c'est ainsi que se renouvellent parfois de nos jours des discussions dignes de l'ancienne scolastique. Cette foi trop grande dans le raisonnement, qui conduit un physiologiste à une fausse simplification des choses, tient d'une part à l'ignorance de la science dont il parle, et d'autre part à l'absence du sentiment de complexité des phénomènes naturels. C'est pourquoi nous voyons quelquefois des mathématiciens purs, très grands esprits d'ailleurs, tomber dans des erreurs de ce genre; ils simplifient trop et raisonnent sur les phénomènes tels qu'ils les font dans leur esprit, mais non tels qu'ils sont dans la nature.

Le grand principe expérimental est donc le doute, le doute philosophique qui laisse à l'esprit sa liberté et son initiative, et d'où dérivent les qualités les plus précieuses pour un investigateur en physiologie et en médecine. Il ne faut croire à nos observations, à nos théories, que sous bénéfice d'inventaire expérimental. Si l'on croit trop, l'esprit se trouve lié et rétréci par les conséquences de son propre raisonnement; il n'a plus de liberté d'action et manque par suite de l'initiative que possède celui qui sait se dégager de cette foi aveugle dans les théories, qui n'est au fond qu'une superstition scientifique.

On a souvent dit que, pour faire des découvertes, il fallait être ignorant. Cette opinion fausse en elle-même cache cependant une vérité. Elle signifie qu'il vaut mieux ne rien savoir que d'avoir dans l'esprit des *idées fixes* appuyées sur des théories dont on cherche toujours la confirmation en négligeant tout ce qui ne s'y rapporte pas. Cette disposition d'esprit est des plus mauvaises, et elle est éminemment opposée à l'invention. En effet, une découverte est en général un rapport imprévu qui ne se trouve pas compris dans la théorie, car sans cela il serait prévu. Un homme ignorant, qui ne connaîtrait pas la théorie, serait, en effet, sous ce rapport, dans de meilleures conditions d'esprit; la théorie ne le gênerait pas et ne l'empêcherait pas de voir des faits nouveaux que n'aperçoit pas celui qui est préoccupé d'une théorie exclusive. Mais hâtons-nous de dire qu'il ne s'agit point ici d'élever l'ignorance en principe. Plus on est instruit, plus on possède de connaissances antérieures, mieux on aura l'esprit disposé pour faire des découvertes grandes et fécondes. Seulement il faut garder sa liberté d'esprit, ainsi que nous l'avons dit plus haut, et croire que dans la nature l'absurde suivant nos théories n'est pas toujours impossible.

Les hommes qui ont une foi excessive dans leurs théories ou dans leurs idées sont non seulement mal disposés pour faire des découvertes, mais ils font aussi de très mauvaises observations. Ils observent nécessairement avec une idée préconçue, et quand ils ont institué une expérience, ils ne veulent voir dans ses résultats qu'une confirmation de leur théorie. Ils défigurent ainsi l'observation et négligent souvent des faits très importants, parce qu'ils ne concourent pas à leur but. C'est ce qui nous a fait dire ailleurs qu'il ne fallait jamais faire des expériences pour confirmer ses idées, mais simplement pour les contrôler [1]; ce qui signifie, en d'autres termes, qu'il faut accepter les résultats de l'expérience tels qu'ils se présentent, avec tout leur imprévu et leurs accidents.

Mais il arrive encore tout naturellement que ceux qui croient trop à leurs théories ne croient pas assez à celles des autres. Alors l'idée dominante de ces contempteurs d'autrui est de trouver les théories des autres en défaut et de chercher à les contredire. L'inconvénient pour la science reste le même. Ils ne font des

1. Claude Bernard, *Leçons sur les propriétés et les altérations des liquides de l'organisme*. Paris, 1859, 1re leçon.

expériences que pour détruire une théorie, au lieu de les faire pour chercher la vérité. Ils font également de mauvaises observations, parce qu'ils ne prennent dans les résultats de leurs expériences que ce qui convient à leur but, en négligeant ce qui ne s'y rapporte pas, et en écartant bien soigneusement tout ce qui pourrait aller dans le sens de l'idée qu'ils veulent combattre. On est donc conduit ainsi par ces deux voies opposées au même résultat, c'est-à-dire à fausser la science et les faits.

La conclusion de tout ceci est qu'il faut effacer son opinion aussi bien que celle des autres devant les décisions de l'expérience. Quand on discute et que l'on expérimente comme nous venons de le dire, pour prouver quand même une idée préconçue, on n'a plus l'esprit libre et l'on ne cherche plus la vérité. On fait de la science étroite à laquelle se mêlent la vanité personnelle ou les diverses passions humaines. L'amour-propre, cependant, ne devrait rien avoir à faire dans toutes ces vaines disputes. Quand deux physiologistes ou deux médecins se querellent pour soutenir chacun leurs idées ou leurs théories, il n'y a au milieu de leurs arguments contradictoires qu'une seule chose qui soit absolument certaine : c'est que les deux théories sont insuffisantes et ne représentent la vérité ni l'une ni l'autre. L'esprit vraiment scientifique devrait donc nous rendre modestes et bienveillants. Nous savons tous bien peu de choses en réalité, et nous sommes tous faillibles en face des difficultés immenses que nous offre l'investigation dans les phénomènes naturels. Nous n'aurions donc rien de mieux à faire que de réunir nos efforts au lieu de les diviser et de les neutraliser par les disputes personnelles. En un mot, le savant qui veut trouver la vérité doit conserver son esprit libre, calme, et, si c'était possible, ne jamais avoir, comme dit Bacon, l'œil humecté par les passions humaines.

Dans l'éducation scientifique, il importerait beaucoup de distinguer, ainsi que nous le ferons plus loin, le déterminisme, qui est le principe absolu de la science, d'avec les théories qui ne sont que des principes relatifs auxquels on ne doit accorder qu'une valeur provisoire dans la recherche de la vérité. En un mot, il ne faut point enseigner les théories comme des dogmes ou des articles de foi. Par cette croyance exagérée dans les théories, on donnerait une idée fausse de la science, on surchargerait et l'on asservirait l'esprit en lui enlevant sa liberté et étouffant son originalité, et en lui donnant le goût des systèmes.

Les théories qui représentent l'ensemble de nos idées scientifiques sont sans doute indispensables pour représenter la science. Elles doivent aussi servir de point d'appui à des idées investigatrices nouvelles. Mais ces théories et ces idées n'étant point la vérité immuable, il faut être toujours prêt à les abandonner, à les modifier ou à les changer dès qu'elles ne représentent plus la réalité. En un mot, il faut modifier la théorie pour l'adapter à la nature, et non la nature pour l'adapter à la théorie.

En résumé, il y a deux choses à considérer dans la science expérimentale : la méthode et l'idée. La méthode a pour objet de diriger l'idée qui s'élance en avant dans l'interprétation des phénomènes naturels et dans la recherche de la vérité. L'idée doit toujours rester indépendante, et il ne faut point l'enchainer, pas plus par des *croyances scientifiques* que par des croyances philosophiques ou religieuses; il faut être hardi et libre dans la manifestation de ses idées, suivre son sentiment et ne point trop s'arrêter à ses craintes puériles de la contradiction des théories. Si l'on est bien imbu des principes de la méthode expérimentale, on n'a rien à craindre ; car, tant que l'idée est juste, on continue à la développer ; quand elle est erronée, l'expérience est là pour la rectifier. Il faut donc savoir trancher les questions, même au risque d'errer. On rend plus de service à la science, a-t-on dit, par l'erreur que par la confusion, ce qui signifie qu'il faut pousser sans crainte les idées dans tout leur développement, pourvu qu'on les règle et que l'on ait toujours soin de les juger par l'expérience. L'idée, en un mot, est le mobile de tout raisonnement en science comme ailleurs. Mais partout l'idée doit être soumise à un criterium. En science, ce criterium est la méthode expérimentale ou l'expérience; ce criterium est indispensable, et nous devons l'appliquer à nos propres idées comme à celles des autres.

§ IV. — Caractère indépendant de la méthode expérimentale.

De tout ce qui a été dit précédemment il résulte nécessairement que l'opinion d'aucun homme, formulée en théorie ou autrement, ne saurait être considérée comme représentant la vérité complète dans les sciences. C'est un guide, une lumière, mais non une autorité absolue. La révolution que la méthode expérimentale a opérée dans les sciences consiste à avoir substitué un criterium scientifique à l'autorité personnelle.

Le caractère de la méthode expérimentale est de ne relever que d'elle-même, parce qu'elle renferme en elle son criterium, qui est l'expérience. Elle ne reconnaît d'autre autorité que celle des faits, et elle s'affranchit de l'autorité personnelle. Quand Descartes disait qu'il faut ne s'en rapporter qu'à l'évidence ou à ce qui est suffisamment démontré, cela signifiait qu'il fallait ne plus s'en référer à l'autorité, comme faisait la scolastique, mais ne s'appuyer que sur les faits bien établis par l'expérience.

De là il résulte que, lorsque dans la science nous avons émis une idée ou une théorie, nous ne devons pas avoir pour but de la conserver en cherchant tout ce qui peut l'appuyer et en écartant tout ce qui peut l'infirmer. Nous devons, au contraire, examiner avec le plus grand soin les faits qui semblent la renverser, parce que le progrès réel consiste toujours à changer une théorie ancienne qui renferme moins de faits contre une nouvelle qui en renferme davantage. Cela prouve que l'on a marché, car en science le grand précepte est de modifier et de changer ses idées à mesure que la science avance. Nos idées ne sont que des instruments intellectuels qui nous servent à pénétrer dans les phénomènes ; il faut les changer quand elles ont rempli leur rôle, comme on change un bistouri émoussé quand il a servi assez longtemps.

Les idées et les théories de nos prédécesseurs ne doivent être conservées qu'autant qu'elles représentent l'état de la science, mais elles sont évidemment destinées à changer, à moins que l'on admette que la science ne doive plus faire de progrès, ce qui est impossible. Sous ce rapport, il y aurait peut-être une distinction à établir entre les sciences mathématiques et les sciences expérimentales. Les vérités mathématiques étant immuables et absolues, la science s'accroît par juxtaposition simple et successive de toutes les vérités acquises. Dans les sciences expérimentales, au contraire, les vérités n'étant que relatives, la science ne peut avancer que par révolution et par absorption des vérités anciennes dans une forme scientifique nouvelle.

Dans les sciences expérimentales, le respect mal entendu de l'autorité personnelle serait de la superstition et constituerait un véritable obstacle au progrès de la science ; ce serait en même temps contraire aux exemples que nous ont donnés les grands hommes de tous les temps. En effet, les grands hommes sont précisément ceux qui ont apporté des idées nouvelles et détruit des erreurs. Ils n'ont donc pas respecté eux-mêmes l'autorité de leurs prédécesseurs, et ils n'entendent pas qu'on agisse autrement envers eux.

Cette non-soumission à l'autorité, que la méthode expérimentale consacre comme un précepte fondamental, n'est nullement en désaccord avec le respect et l'admiration que nous vouons aux grands hommes qui nous ont précédés et auxquels nous devons les découvertes qui sont les bases des sciences actuelles[1].

Dans les sciences expérimentales les grands hommes ne sont jamais les promoteurs de vérités absolues et immuables. Chaque grand homme tient à son temps et ne peut venir qu'à son moment, en ce sens qu'il y a une succession nécessaire et subordonnée dans l'apparition des découvertes scientifiques. Les grands hommes peuvent être comparés à des flambeaux qui brillent de loin en loin pour guider la marche de la science. Ils éclairent leur temps, soit en découvrant des phénomènes imprévus et féconds qui ouvrent des voies nouvelles et montrent des horizons inconnus, soit en généralisant les faits scientifiques acquis et en faisant sortir des vérités que leurs devanciers n'avaient point aperçues. Si chaque grand homme fait accomplir un grand pas à la science qu'il féconde, il n'a jamais eu la prétention d'en poser les dernières limites, et il est nécessairement destiné à être dépassé et laissé en arrière par les progrès des générations qui suivront. Les grands hommes ont été comparés à des géants sur les épaules desquels sont montés des pygmées, qui cependant voient plus loin qu'eux. Ceci veut dire simplement que les sciences font des progrès après ces grands hommes et précisément à cause de leur influence. D'où il résulte que leurs successeurs auront des connaissances scientifiques acquises plus nombreuses que celles que ces grands hommes possédaient de leur temps. Mais le grand homme n'en

1. Claude Bernard, *Cours de médecine expérimentale, leçon d'ouverture* (*Gazette méd.*, 15 avril 1864).

reste pas moins le grand homme, c'est-à-dire le géant.

Il y a, en effet, deux parties dans les sciences en évolution : il y a d'une part ce qui est acquis et d'autre part ce qui reste à acquérir. Dans ce qui est acquis, tous les hommes se valent à peu près, et les grands ne sauraient se distinguer des autres. Souvent même les hommes médiocres sont ceux qui possèdent le plus de connaissances acquises. C'est dans les parties obscures de la science que le grand homme se reconnaît; il se caractérise par des idées de génie qui illuminent des phénomènes restés obscurs et portent la science en avant.

En résumé, la méthode expérimentale puise en elle-même une autorité *impersonnelle* qui domine la science. Elle l'impose même aux grands hommes, au lieu de chercher, comme les scolastiques, à prouver par les textes qu'ils sont infaillibles et qu'ils ont vu, dit ou pensé tout ce qu'on a découvert après eux. Chaque temps a sa somme d'erreurs et de vérités. Il y a des erreurs qui sont en quelque sorte inhérentes à leur temps, et que les progrès ultérieurs de la science peuvent seuls faire reconnaître. Les progrès de la méthode expérimentale consistent en ce que la somme des vérités augmente à mesure que la somme des erreurs diminue. Mais chacune de ces vérités particulières s'ajoute aux autres pour constituer des vérités plus générales. Les noms des promoteurs de la science disparaissent peu à peu dans cette fusion, et plus la science avance, plus elle prend la forme impersonnelle et se détache du passé. Je me hâte d'ajouter, pour éviter une confusion qui a parfois été commise, que je n'entends parler ici que de l'évolution de la science. Pour les arts et les lettres, la personnalité domine tout. Il s'agit là d'une création spontanée de l'esprit, et cela n'a plus rien de commun avec la constatation des phénomènes naturels, dans lesquels notre esprit ne doit rien créer. Le passé conserve toute sa valeur dans ces créations des arts et des lettres ; chaque individualité reste immuable dans le temps et ne peut se confondre avec les autres. Un poète contemporain a caractérisé ce sentiment de la personnalité de l'art et de l'impersonnalité de la science par ces mots : l'art, c'est *moi*; la science, c'est *nous*.

La méthode expérimentale est la méthode scientifique qui proclame la liberté de l'esprit et de la pensée. Elle secoue non seulement le joug philosophique et théologique, mais elle n'admet pas non plus d'autorité scientifique personnelle. Ceci n'est point de l'orgueil et de la jactance ; l'expérimentateur, au contraire, fait acte d'humilité en niant l'autorité personnelle, car il doute aussi de ses propres connaissances, et il soumet l'autorité des hommes à celles de l'expérience et des lois de la nature.

La physique et la chimie, étant des sciences constituées, nous présentent cette indépendance et cette impersonnalité que réclame la méthode expérimentale. Mais la médecine est encore dans les ténèbres de l'empirisme, et elle subit les conséquences de son état arriéré. On la voit encore plus ou moins mêlée à la religion et au surnaturel. Le merveilleux et la superstition y jouent un grand rôle. Les sorciers, les somnambules, les guérisseurs en vertu d'un don du Ciel, sont écoutés à l'égal des médecins. La personnalité médicale est placée au-dessus de la science par les médecins eux-mêmes; ils cherchent leurs autorités dans la tradition, dans les doctrines, ou dans le tact médical. Cet état de choses est la preuve la plus claire que la méthode expérimentale n'est point encore arrivée dans la médecine.

La méthode expérimentale, méthode du libre penseur, ne cherche que la vérité scientifique. Le *sentiment,* d'où tout émane, doit conserver sa spontanéité entière et toute sa liberté pour la manifestation des idées expérimentales ; la *raison* doit, elle aussi, conserver la liberté de douter, et par cela elle s'impose de soumettre toujours l'idée au contrôle de l'expérience. De même que, dans les autres actes humains, le sentiment détermine à agir en manifestant l'idée qui donne le motif de l'action, de même, dans la méthode expérimentale, c'est le sentiment qui a l'initiative par l'idée. C'est le sentiment seul qui dirige l'esprit et qui constitue le *primum movens* de la science. Le génie se traduit par un sentiment délicat qui pressent d'une manière juste les lois des phénomènes de la nature ; mais ce qu'il ne faut jamais oublier, c'est que la justesse du sentiment et la fécondité de l'idée ne peuvent être établies et prouvées que par l'expérience.

§ V. — De l'induction et de la déduction dans le raisonnement expérimental.

Après avoir traité dans tout ce qui précède de l'influence de l'idée expérimentale, examinons actuellement comment la méthode doit, en imposant toujours au raisonnement la forme dubitative, le diriger d'une manière plus sûre dans la recherche de la vérité.

Nous avons dit ailleurs que le raisonnement expérimental s'exerce sur des phénomènes observés, c'est-à-dire sur des observations; mais, en réalité, il ne s'applique qu'aux idées que l'aspect de ces phénomènes a éveillées en notre esprit. Le principe du raisonnement expérimental sera donc toujours une idée qu'il s'agit d'introduire dans un raisonnement expérimental pour la soumettre au criterium des faits, c'est-à-dire à l'expérience.

Il y a deux formes de raisonnement : 1° la forme *investigative* ou interrogative qu'emploie l'homme qui ne sait pas et qui veut s'instruire; 2° la forme *démonstrative* ou affirmative qu'emploie l'homme qui sait ou croit savoir, et qui veut instruire les autres.

Les philosophes paraissent avoir distingué ces deux formes de raisonnement sous les noms de raisonnement *inductif* et de raisonnement *déductif*. Ils ont encore admis deux méthodes scientifiques : la méthode *inductive* ou l'*induction*, propre aux sciences physiques expérimentales, et la méthode *déductive* ou la *déduction*, appartenant plus spécialement aux sciences mathématiques.

Il résulterait de là que la forme spéciale du raisonnement expérimental dont nous devons seulement nous occuper ici serait l'*induction*.

On définit l'induction en disant que c'est un procédé de l'esprit qui va du particulier au général, tandis que la déduction serait le procédé inverse qui irait du général au particulier. Je n'ai certainement pas la prétention d'entrer dans une discussion philosophique qui serait ici hors de sa place et de ma compétence; seulement, en qualité d'expérimentateur, je me bornerai à dire que dans la pratique il me paraît bien difficile de justifier cette distinction et de séparer nettement l'induction de la déduction. Si l'esprit de l'expérimentateur procède ordinairement en partant d'observations particulières pour remonter à des principes, à des lois, ou à des propositions générales, il procède aussi nécessairement de ces mêmes propositions générales ou lois pour aller à des faits particuliers qu'il déduit logiquement de ces principes. Seulement quand la certitude du principe n'est pas absolue, il s'agit toujours d'une déduction provisoire qui réclame la vérification expérimentale. Toutes les variétés apparentes du raisonnement ne tiennent qu'à la nature du sujet que l'on traite et à sa plus ou moins grande complexité. Mais, dans tous ces cas, l'esprit de l'homme fonctionne toujours de même par syllogisme; il ne pourrait pas se conduire autrement.

De même que dans la marche naturelle du corps, l'homme ne peut avancer qu'en posant un pied devant l'autre, de même dans la marche naturelle de l'esprit, l'homme ne peut avancer qu'en mettant une idée devant l'autre. Ce qui veut dire, en d'autres termes, qu'il faut toujours un premier point d'appui à l'esprit comme au corps. Le point d'appui du corps, c'est le sol dont le pied a la sensation ; le point d'appui de l'esprit, c'est le connu, c'est-à-dire une vérité ou un principe dont l'esprit a conscience. L'homme ne peut rien apprendre qu'en allant du connu à l'inconnu ; mais d'un autre côté, comme l'homme n'a pas en naissant la science infuse et qu'il ne sait rien que ce qu'il apprend, il semble que nous soyons dans un cercle vicieux et que l'homme soit condamné à ne pouvoir rien connaître. Il en serait ainsi, en effet, si l'homme n'avait dans sa raison le sentiment des rapports et du déterminisme qui deviennent criterium de la vérité ; mais, dans tous les cas, il ne peut obtenir cette vérité ou en approcher que par le raisonnement et par l'expérience.

D'abord il ne serait pas exact de dire que la *déduction* n'appartient qu'aux mathématiques et l'*induction* aux autres sciences exclusivement. Les deux formes de raisonnement *investigatif* (inductif) et *démonstratif* (déductif) appartiennent à toutes les sciences possibles, parce que dans toutes les sciences il y a des choses qu'on ne sait pas et d'autres qu'on sait ou qu'on croit savoir.

Quand les mathématiciens étudient des sujets qu'ils ne connaissent pas, ils induisent comme les physiciens, comme les chimistes ou comme les physiologistes. Pour prouver ce que j'avance, il suffira de citer les paroles d'un grand mathématicien.

Voici comment Euler s'exprime dans un mémoire intitulé : *De inductione ad plenam certitudinem evehenda :*

« Notum est plerumque numerum proprietates primum per solam inductionem observatas, quas deinceps geometræ solidis demonstrationibus confirmare elaboraverunt; quo negotio in primis Fermatius summo studio et satis felici successu fuit occupatus[1]. »

Les principes ou les théories qui servent de base à une science, quelle qu'elle soit, ne sont pas tombés du ciel; il a fallu nécessairement y arriver par un raisonnement investigatif, inductif ou interrogatif, comme on voudra l'appeler. Il a fallu d'abord observer quelque chose qui se soit passé au dedans ou au dehors de nous. Dans les sciences, il y a, au point de vue expérimental, des idées qu'on appelle *à priori*, parce qu'elles sont le point de départ d'un raisonnement expérimental (voy. p. 48 et suivantes), mais au point de vue de l'idéogénèse, ce sont en réalité des idées *à posteriori*. En un mot, l'*induction* a dû être la forme de raisonnement primitive et générale, et les idées que les philosophes et les savants prennent constamment pour des idées *à priori*, ne sont au fond que des idées *à posteriori*.

Le mathématicien et le naturaliste ne diffèrent pas quand ils vont à la recherche des principes. Les uns et les autres induisent, font des hypothèses et expérimentent, c'est-à-dire font des tentatives pour vérifier l'exactitude de leurs idées. Mais quand le mathématicien et le naturaliste sont arrivés à leurs principes, ils diffèrent complètement alors. En effet, ainsi que je l'ai déjà dit ailleurs, le principe du mathématicien

1. Euler, *Acta academiæ scientiarum imperialis Petropolitanæ, pro anno MDCCLXXX, pars posterior*, p. 38, § 1.

devient absolu, parce qu'il ne s'applique point à la réalité objective telle qu'elle est, mais à des relations de choses considérées dans des conditions extrêmement simples et que le mathématicien choisit et crée en quelque sorte dans son esprit. Or, ayant ainsi la certitude qu'il n'y a pas à faire intervenir dans le raisonnement d'autres conditions que celles qu'il a déterminées, le principe reste absolu, conscient, adéquat à l'esprit, et la déduction logique est également absolue et certaine ; il n'a plus besoin de vérification expérimentale, la logique suffit.

La situation du naturaliste est bien différente ; la proposition générale à laquelle il est arrivé, ou le principe sur lequel il s'appuie, reste relatif et provisoire, parce qu'il représente des relations complexes qu'il n'a jamais la certitude de pouvoir connaître toutes. Dès lors, son principe est incertain, puisqu'il est inconscient et non adéquat à l'esprit ; dès lors les *déductions*, quoique très logiques, restent toujours douteuses, et il faut nécessairement alors invoquer l'expérience pour contrôler la conclusion de ce raisonnement déductif. Cette différence entre les mathématiciens et les naturalistes est capitale au point de vue de la certitude de leurs principes et des conclusions à en tirer ; mais le mécanisme du raisonnement déductif est exactement le même pour les deux. Tous les deux partent d'une proposition ; seulement le mathématicien dit : *Ce point de départ étant donné*, tel cas particulier en résulte nécessairement. Le naturaliste dit : *Si ce point de départ était juste*, tel cas particulier en résulterait comme conséquence.

Quand ils partent d'un principe, le mathématicien et le naturaliste emploient donc l'un et l'autre la *déduction*. Tous deux raisonnent en faisant un syllogisme; seulement, pour le naturaliste, c'est un syllogisme dont la conclusion reste dubitative et demande vérification, parce que son principe est inconscient. C'est là le raisonnement expérimental ou dubitatif, le seul qu'on puisse employer quand on raisonne sur les phénomènes naturels; si l'on voulait supprimer le doute et si l'on se passait de l'expérience, on n'aurait plus aucun criterium pour savoir si l'on est dans le faux ou dans le vrai, parce que, je le répète, le principe est inconscient et qu'il faut en appeler alors à nos sens.

De tout cela je conclurai que l'*induction* et la *déduction* appartiennent à toutes les sciences. Je ne crois pas que l'induction et la déduction constituent réellement deux formes de raisonnement essentiellement distinctes. L'esprit de l'homme a, par nature, le sentiment ou l'idée d'un principe qui régit les cas particuliers. Il procède toujours instinctivement d'un principe qu'il a acquis ou qu'il invente par hypothèse; mais il ne peut jamais marcher dans les raisonnements autrement que par syllogisme, c'est-à-dire en procédant du général au particulier.

En physiologie, un organe déterminé fonctionne toujours par un seul et même mécanisme; seulement, quand le phénomène se passe dans d'autres conditions ou dans un milieu différent, la fonction prend des aspects divers; mais, au fond, sa nature reste la même. Je pense qu'il n'y a pour l'esprit qu'une seule manière de raisonner, comme il n'y a pour le corps qu'une seule manière de marcher. Seulement, quand un homme s'avance, sur un terrain solide et plan, dans un chemin direct qu'il connaît et voit dans toute son étendue, il marche vers son but d'un pas sûr et rapide. Quand, au contraire, un homme suit un chemin tortueux dans l'obscurité et sur un terrain accidenté et inconnu, il craint les précipices, et n'avance qu'avec précaution et pas à pas. Avant de procéder à un second pas, il doit s'assurer que le pied placé le premier repose sur un point résistant, puis s'avancer ainsi en vérifiant à chaque instant par l'expérience la solidité du sol, et en modifiant toujours la direction de sa marche suivant ce qu'il rencontre. Tel est l'expérimentateur, qui ne doit jamais dans ses recherches aller au delà du fait, sans quoi il courrait le risque de s'égarer. Dans les deux exemples précédents l'homme s'avance sur des terrains différents et dans des conditions variables, mais n'en marche pas moins par le même procédé physiologique. De même, quand l'expérimentateur déduira des rapports simples de phénomènes précis et d'après des principes connus et établis, le raisonnement se développera d'une façon certaine et nécessaire, tandis que, quand il se trouvera au milieu de rapports complexes, ne pouvant s'appuyer que sur des principes incertains et provisoires, le même expérimentateur devra alors avancer avec précaution et soumettre à l'expérience chacune des idées qu'il met successivement en avant. Mais, dans ces deux cas, l'esprit raisonnera toujours de même et par le même procédé physiologique, seulement il partira d'un principe plus ou moins certain.

Quand un phénomène quelconque nous frappe dans la nature, nous nous faisons une idée sur la cause qui le détermine. L'homme, dans sa première ignorance, supposa des divinités attachées à chaque phénomène. Aujourd'hui le savant admet des forces ou des lois; c'est toujours quelque chose qui gouverne le phénomène. L'idée qui nous vient à la vue d'un phénomène est dite *à priori*. Or, il nous sera facile de montrer plus tard que cette idée *à priori*, qui surgit en nous à propos d'un fait particulier, renferme toujours implicitement, et en quelque sorte à notre insu, un *principe* auquel nous voulons ramener le fait particulier. De sorte que, quand nous croyons aller d'un cas particulier à un principe, c'est-à-dire induire, nous déduisons réellement; seulement, l'expérimentateur se dirige d'après un principe supposé ou provisoire qu'il modifie à chaque instant, parce qu'il cherche dans une obscurité plus ou moins complète. A mesure que nous rassemblons les faits, nos principes deviennent de plus en plus généraux et plus assurés; alors nous acquérons la certitude que nous déduisons. Mais néanmoins, dans les sciences expérimentales, notre principe doit toujours rester provisoire, parce que nous n'avons jamais la certitude qu'il ne renferme que les faits et les conditions que nous connaissons. En un mot, nous déduisons toujours par hypothèse, jusqu'à vérification expérimentale. Un expérimentateur ne peut donc jamais se trouver dans le cas des mathématiciens, précisément parce que le raisonnement expérimental reste de sa nature toujours dubitatif. Maintenant, on pourra, si l'on veut, appeler le raisonnement dubitatif de l'expérimentateur, l'*induction*, et le raisonnement affirmatif du mathématicien, la *déduction*; mais ce sera là une distinction qui portera sur la certitude ou l'incertitude du point de départ du raisonnement, mais non sur la manière dont on raisonne.

§ VI. — Du doute dans le raisonnement expérimental.

Je résumerai le paragraphe précédent en disant qu'il me semble n'y avoir qu'une seule forme de raisonnement : la *déduction* par syllogisme. Notre esprit, quand il le voudrait, ne pourrait pas raisonner autrement, et, si c'était ici le lieu, je pourrais essayer d'appuyer ce que j'avance par des arguments physiologiques. Mais pour trouver la vérité scientifique, il importe peu au fond de savoir comment notre esprit raisonne ; il suffit de le laisser raisonner naturellement, et dans ce cas il partira toujours d'un principe pour arriver à une conclusion. La seule chose que nous ayons à faire ici, c'est d'insister sur un précepte qui prémunira toujours l'esprit contre les causes innombrables d'erreurs qu'on peut rencontrer dans l'application de la méthode expérimentale.

Ce précepte général, qui est une des bases de la méthode expérimentale, c'est le doute; et il s'exprime en disant que la conclusion de notre raisonnement doit toujours rester dubitative quand le point de départ ou le principe n'est pas une vérité absolue. Or, nous avons vu qu'il n'y a de vérité absolue que pour les principes mathématiques ; pour tous les phénomènes naturels, les principes desquels nous partons, de même que les conclusions auxquelles nous arrivons, ne représentent que des vérités relatives. L'écueil de l'expérimentateur consistera donc à croire connaître ce qu'il ne connaît pas, et à prendre pour des vérités absolues des vérités qui ne sont que relatives. De sorte que la règle unique et fondamentale de l'investigation scientifique se réduit au doute, ainsi que l'ont déjà proclamé d'ailleurs de grands philosophes.

Le raisonnement expérimental est précisément l'inverse du raisonnement scolastique. La scolastique veut toujours un point de départ fixe et indubitable, et, ne pouvant le trouver ni dans les choses extérieures ni dans la raison, elle l'emprunte à une source *irrationnelle* quelconque, telle qu'une révélation, une tradition ou une autorité conventionnelle ou arbitraire. Une fois le point de départ posé, le scolastique ou le systématique en déduit logiquement toutes les conséquences, en invoquant même l'observation ou l'expérience des faits comme arguments quand ils sont en sa faveur; la seule condition est que le point de départ restera immuable et ne variera pas selon les expériences et les observations, mais qu'au contraire les faits seront interprétés pour s'y adapter. L'expérimentateur au contraire n'admet jamais de point de départ immuable; son principe est un postulat dont il déduit logiquement toutes les conséquences, mais sans jamais le considérer comme absolu et en dehors des atteintes de l'expérience. Les corps simples des chimistes ne sont des corps simples que jusqu'à preuve du contraire. Toutes les théories qui servent de point de départ au physicien, au chimiste, et à plus forte raison au physiologiste, ne sont vraies que jusqu'à ce qu'on découvre qu'il y a des faits qu'elles ne renferment pas ou qui les contredisent. Lorsque ces faits contradictoires se montreront bien solidement établis, loin de se raidir, comme le scolastique ou le systématique, contre l'expérience, pour sauvegarder son point de départ, l'expérimentateur s'empressera, au contraire, de modifier sa théorie, parce qu'il sait que c'est la seule manière d'avancer et de faire des progrès dans les sciences. L'expérimentateur doute donc toujours même de son point de départ; il a l'esprit nécessairement modeste et souple, et accepte la contradiction, à la seule condition qu'elle lui soit prouvée. Le scolastique ou le systématique, ce qui est la même chose, ne doute jamais de son point de départ, auquel il veut tout ramener; il a l'esprit orgueilleux et intolérant et n'accepte pas la contradiction, puisqu'il n'admet pas que son point de départ puisse changer. Ce qui sépare encore le savant systématique du savant expérimentateur, c'est que le premier impose son idée, tandis que le second ne la donne jamais que pour ce qu'elle vaut. Enfin, un autre caractère essentiel qui distingue le raisonnement expérimental du raisonnement scolastique, c'est la fécondité de l'un et la stérilité de l'autre. C'est précisément le scolastique qui croit avoir la certitude absolue qui n'arrive à rien : cela se conçoit, puisque, par son principe absolu, il se place en dehors de la nature, dans laquelle tout est relatif. C'est au contraire l'expérimentateur qui doute toujours et qui ne croit posséder la certitude absolue sur rien, qui arrive à maîtriser les phénomènes qui l'entourent et à étendre sa puissance sur la nature. L'homme *peut donc plus qu'il ne sait*, et la vraie science expérimentale ne lui donne la puissance qu'en lui montrant qu'il ignore. Peu importe au savant d'avoir la vérité absolue, pourvu qu'il ait la certitude des relations des phénomènes entre eux. Notre esprit est, en effet, tellement borné, que nous ne pouvons connaître ni le commencement ni la fin des choses; mais nous pouvons saisir le milieu, c'est-à-dire ce qui nous entoure immédiatement.

Le raisonnement systématique ou scolastique est naturel à l'esprit inexpérimenté et orgueilleux; ce n'est que par l'étude expérimentale approfondie de la nature qu'on parvient à acquérir l'esprit douteur de l'expérimentateur. Il faut longtemps pour cela; et, parmi ceux qui croient suivre la voie expérimentale en physiologie et en médecine, il y a, comme nous le verrons plus loin, encore beaucoup de scolastiques. Je suis, quant à moi, convaincu qu'il n'y a que l'étude seule de la nature qui puisse donner au savant le sentiment vrai de la science. La philosophie, que je considère comme une excellente gymnastique de l'esprit, a malgré elle des tendances systématiques et scolastiques, qui deviendraient nuisibles pour le savant proprement dit. D'ailleurs, aucune méthode ne peut remplacer cette étude de la nature qui fait le vrai savant; sans cette étude, tout ce que les philosophes ont pu dire et tout ce que j'ai pu répéter après eux dans cette introduction, resterait inapplicable et stérile.

Je ne crois donc pas, ainsi que je l'ai dit plus haut, qu'il y ait grand profit pour le savant à discuter la définition de l'induction et de la déduction, non plus que la question de savoir si l'on procède par l'un ou l'autre de ces soi-disant procédés de l'esprit. Cependant l'induction baconienne est devenue célèbre, et l'on en a fait le fondement de toute la philosophie scientifique. Bacon est un grand génie, et l'idée de sa grande restauration des sciences est une idée sublime; on est séduit et entraîné malgré soi par la lecture du *Novum Organum* et de l'*Augmentum scientiarum*. On reste dans une sorte de fascination devant cet amalgame de lueurs scientifiques, revêtues des formes poétiques les plus élevées. Bacon a senti la stérilité de la scolastique; il a bien compris et pressenti toute l'importance de l'expérience pour l'avenir des sciences. Cependant Bacon n'était point un savant, et il n'a point compris le mécanisme de la méthode expérimentale. Il suffirait de citer, pour le prouver, les essais malheureux qu'il en a faits. Bacon recommande de fuir les hypothèses et les théories[1]; nous avons vu cependant que ce sont les auxiliaires de la méthode, indispensables comme les échafaudages sont nécessaires pour construire une maison. Bacon a eu, comme toujours, des admirateurs outrés et des détracteurs. Sans me mettre ni d'un côté ni de l'autre, je dirai que, tout en reconnaissant le génie de Bacon, je ne crois pas plus que J. de Maistre[2], qu'il ait doté l'intelligence humaine d'un nouvel instrument, et il me semble, avec M. de Rémusat[3], que l'induction ne diffère pas

1. Bacon, *Œuvres*, édition par Fr. Riaux, *Introduction*, p. 30.
2. J. de Maistre, *Examen de la philosophie de Bacon*.
3. De Rémusat, *Bacon, sa vie, son temps et sa philosophie*, 1857.

du syllogisme. D'ailleurs, je crois que les grands expérimentateurs ont apparu avant les préceptes de l'expérimentation, de même que les grands orateurs ont précédé les traités de rhétorique. Par conséquent, il ne me paraît pas permis de dire, même en parlant de Bacon, qu'il a inventé la méthode expérimentale, méthode que Galilée et Torricelli ont si admirablement pratiquée, et dont Bacon n'a jamais pu se servir.

Quand Descartes[1] part du doute universel et répudie l'autorité, il donne des préceptes bien plus pratiques pour l'expérimentateur que ceux que donne Bacon pour l'induction. Nous avons vu, en effet, que c'est le doute seul qui provoque l'expérience; c'est le doute enfin qui détermine la forme du raisonnement expérimental.

Toutefois, quand il s'agit de la médecine et des sciences physiologiques, il importe de bien déterminer sur quel point doit porter le doute, afin de le distinguer du scepticisme et de montrer comment le doute scientifique devient un élément de plus grande certitude. Le sceptique est celui qui ne croit pas à la science et qui croit à lui-même; il croit assez en lui pour oser nier la science et affirmer qu'elle n'est pas soumise à des lois fixes et déterminées. Le douteur est le vrai savant; il ne doute que de lui-même et de ses interprétations, mais il croit à la science; il admet même dans les sciences expérimentales un criterium ou un principe scientifique absolu. Ce principe est le *déterminisme* des phénomènes, qui est absolu

1. Descartes, *Discours sur la méthode.*

aussi bien dans les phénomènes des corps vivants que dans ceux des corps bruts, ainsi que nous le dirons plus tard (IIe part., chap. Ier, § 4).

Enfin, comme conclusion de ce paragraphe, nous pouvons dire que, dans tout raisonnement expérimental, il y a deux cas possibles : ou bien l'hypothèse de l'expérimentateur sera infirmée, ou bien elle sera confirmée par l'expérience. Quand l'expérience infirme l'idée préconçue, l'expérimentateur doit rejeter ou modifier son idée. Mais lors même que l'expérience confirme pleinement l'idée préconçue, l'expérimentateur doit encore douter; car, comme il s'agit d'une vérité inconsciente, sa raison lui demande encore une contre-épreuve.

§ VII. — Du principe du criterium expérimental.

Nous venons de dire qu'il faut douter, mais ne point être sceptique. En effet, le sceptique, qui ne croit à rien, n'a plus de base pour établir son criterium, et par conséquent il se trouve dans l'impossibilité d'édifier la science; la stérilité de son triste esprit résulte à la fois des défauts de son sentiment et de l'imperfection de sa raison. Après avoir posé en principe que l'investigateur doit douter, nous avons ajouté que le doute ne portera que sur la justesse de son sentiment ou de ses idées en tant qu'*expérimentateur,* ou sur la valeur de ses moyens d'investigation, en tant qu'*observateur,* mais jamais sur le déterminisme, le *principe* même de la science expérimentale. Revenons en quelques mots sur ce point fondamental.

L'expérimentateur doit douter de son sentiment,

c'est-à-dire de l'idée *à priori* ou de la théorie qui lui servent de point de départ; c'est pourquoi il est de précepte absolu de soumettre toujours son *idée* au criterium expérimental pour en contrôler la valeur. Mais quelle est au juste la base de ce *criterium expérimental?* Cette question pourra paraître superflue après avoir dit et répété avec tout le monde que ce sont les *faits* qui jugent l'idée et nous donnent l'expérience. Les faits seuls sont réels, dit-on, et il faut s'en rapporter à eux d'une manière entière et exclusive. *C'est un fait*, un fait brutal, répète-t-on encore souvent; il n'y a pas à raisonner, il faut s'y soumettre. Sans doute, j'admets que les faits sont les seules réalités qui puissent donner la formule à l'idée expérimentale et lui servir en même temps de contrôle; mais c'est à la condition que la raison les accepte. Je pense que la *croyance* aveugle dans le fait qui prétend faire taire la raison est aussi dangereuse pour les sciences expérimentales que les *croyances* de sentiment ou de foi qui, elles aussi, imposent silence à la raison. En un mot, dans la méthode expérimentale comme partout, *le seul criterium réel est la raison.*

Un fait n'est rien par lui-même, il ne vaut que par l'idée qui s'y rattache ou par la preuve qu'il fournit. Nous avons dit ailleurs que, quand on qualifie un fait nouveau de *découverte*, ce n'est pas le fait lui-même qui constitue la découverte, mais bien l'idée nouvelle qui en dérive; de même, quand un fait prouve, ce n'est point le fait lui-même qui donne la *preuve*, mais seulement le rapport rationnel qu'il établit entre le phénomène et sa cause. C'est ce rapport qui est la vérité scientifique et qu'il s'agit maintenant de préciser davantage.

Rappelons-nous comment nous avons caractérisé les vérités mathématiques et les vérités expérimentales. Les vérités mathématiques une fois acquises, avons-nous dit, sont des vérités conscientes et absolues, parce que les conditions *idéales* de leur existence sont également conscientes et connues par nous d'une manière absolue. Les vérités expérimentales, au contraire, sont inconscientes et relatives, parce que les conditions *réelles* de leur existence sont inconscientes et ne peuvent nous être connues que d'une manière relative à l'état actuel de notre science. Mais si les vérités expérimentales qui servent de base à nos raisonnements sont tellement enveloppées dans la réalité complexe des phénomènes naturels qu'elles ne nous apparaissent que par lambeaux, ces vérités expérimentales n'en reposent pas moins sur des principes qui sont *absolus*, parce que, comme ceux des vérités mathématiques, ils s'adressent à notre conscience et à notre raison. En effet, le principe absolu des sciences expérimentales est un *déterminisme nécessaire* et conscient dans les conditions des phénomènes. De telle sorte qu'un phénomène naturel, quel qu'il soit, étant donné, jamais un expérimentateur ne pourra admettre qu'il y ait une variation dans l'expression de ce phénomène sans qu'en même temps il ne soit survenu des conditions nouvelles dans sa manifestation ; de plus, il a la certitude *à priori* que ces variations sont déterminées par des rapports rigoureux et mathématiques. L'expérience ne fait que nous montrer la forme des phénomènes; mais le rapport d'un phénomène à une cause déterminée est nécessaire et indépendant de l'expérience, il est forcément mathématique et absolu. Nous arrivons ainsi à voir que le principe du *criterium* des sciences expérimentales est identique au fond avec celui des sciences mathématiques, puisque de part et d'autre ce principe est exprimé par un rapport des choses nécessaire et absolu. Seulement dans les sciences expérimentales ces rapports sont entourés par des phénomènes nombreux, complexes et variés à l'infini, qui les cachent à nos regards. A l'aide de l'expérience nous analysons, nous dissocions ces phénomènes, afin de les réduire à des relations et à des conditions de plus en plus simples. Nous voulons ainsi saisir la forme de la vérité scientifique, c'est-à-dire trouver la loi qui nous donnerait la clef de toutes les variations des phénomènes. Cette analyse expérimentale est le seul moyen que nous ayons pour aller à la recherche de la vérité dans les sciences naturelles, et le *déterminisme absolu* des phénomènes dont nous avons conscience *à priori* est le seul criterium ou le seul principe qui nous dirige et nous soutienne. Malgré nos efforts, nous sommes encore bien loin de cette vérité absolue; et il est probable, surtout dans les sciences biologiques, qu'il ne nous sera jamais donné de la voir dans sa nudité. Mais cela n'a pas de quoi nous décourager, car nous en approchons toujours; et d'ailleurs nous saisissons, à l'aide de nos expériences, des relations de phénomènes qui, bien que partielles et relatives, nous permettent d'étendre de plus en plus notre puissance sur la nature.

De ce qui précède, il résulte que, si un phénomène se présentait dans une expérience avec une apparence tellement contradictoire, qu'il ne se rattachât pas d'une manière nécessaire à des conditions d'existence déterminées, la raison devrait *repousser le fait* comme un fait non scientifique. Il faudrait attendre ou chercher par des expériences directes quelle est la cause d'erreur qui a pu se glisser dans l'observation. Il faut, en effet, qu'il y ait eu erreur ou insuffisance dans l'observation; car l'admission d'un fait sans cause, c'est-à-dire indéterminable dans ses conditions d'existence, n'est ni plus ni moins que la négation de la science. De sorte qu'en présence d'un tel fait un savant ne doit jamais hésiter; il doit croire à la science et douter de ses moyens d'investigation. Il perfectionnera donc ses moyens d'observation et cherchera par ses efforts à sortir de l'obscurité; mais jamais il ne pourra lui venir à l'idée de nier le *déterminisme* absolu des phénomènes, parce que c'est précisément le sentiment de ce déterminisme qui caractérise le vrai savant.

Il se présente souvent en médecine des faits mal observés et indéterminés qui constituent de véritables obstacles à la science, en ce qu'on les oppose toujours en disant : *C'est un fait*, il faut l'admettre. La science rationnelle fondée, ainsi que nous l'avons dit, sur un déterminisme nécessaire, ne doit jamais répudier un fait exact et bien observé ; mais par le même principe, elle ne saurait s'embarrasser de ces faits recueillis sans précision, n'offrant aucune signification, et qu'on fait servir d'arme à double tranchant pour appuyer ou informer les opinions les plus diverses. En un mot, la science repousse l'*indéterminé;* et quand, en médecine, on vient fonder ses opinions sur le tact médical, sur l'inspiration ou sur une intuition plus ou moins vague des choses, on est en dehors de la science et on donne l'exemple de cette médecine de fantaisie qui peut offrir les plus grands périls en livrant la santé et la vie des malades aux lubies d'un ignorant inspiré. La vraie science apprend à douter et à s'abstenir dans l'ignorance.

§ VIII. — De la preuve et de la contre-épreuve.

Nous avons dit plus haut qu'un expérimentateur qui voit son idée confirmée par une expérience, doit douter encore et demander une contre-épreuve.

En effet, pour conclure avec certitude qu'une condition donnée est la cause prochaine d'un phénomène, il ne suffit pas d'avoir prouvé que cette condition précède ou accompagne toujours le phénomène; mais il faut encore établir que, cette condition étant supprimée, le phénomène ne se montrera plus. Si l'on se bornait à la seule preuve de présence, on pourrait à chaque instant tomber dans l'erreur et croire à des relations de cause à effet quand il n'y a que simple coïncidence. Les coïncidences constituent, ainsi que nous le verrons plus loin, un des écueils les plus graves que rencontre la méthode expérimentale dans les sciences complexes comme la biologie. C'est le *post hoc, ergo propter hoc* des médecins auquel on peut se laisser très facilement entraîner, surtout si le résultat de l'expérience ou de l'obervation favorise une idée préconçue.

La contre-épreuve devient donc le caractère essentiel et nécessaire de la conclusion du raisonnement expérimental. Elle est l'expression du doute philosophique porté aussi loin que possible. C'est la contre-épreuve qui juge si la relation de cause à effet que l'on cherche dans les phénomènes est trouvée. Pour cela, elle supprime la cause admise pour voir si l'effet persiste, s'appuyant sur cet adage ancien et absolument vrai : *Sublata causa, tollitur effectus.* C'est ce qu'on appelle encore l'*experimentum crucis.*

Il ne faut pas confondre la *contre-expérience* ou contre-épreuve avec ce qu'on a appelé *expérience comparative.* Celle-ci, ainsi que nous le verrons plus tard, n'est qu'une observation comparative invoquée dans les circonstances complexes afin de simplifier les phénomènes et de se prémunir contre les causes d'erreur imprévues; la contre-épreuve, au contraire, est un contre-jugement s'adressant directement à la conclusion expérimentale et formant un de ses termes nécessaires. En effet, jamais en science la preuve ne constitue une certitude sans la contre-épreuve. L'analyse ne peut se prouver d'une manière absolue que par la synthèse qui la démontre en en fournissant la contre-épreuve ou la contre-expérience; de même une synthèse qu'on effectuerait d'abord, devrait être démontrée ensuite par l'analyse. Le sentiment de cette contre-épreuve expérimentale nécessaire constitue le sentiment scientifique par excellence. Il est familier aux physiciens et aux chimistes; mais il est loin d'être aussi bien compris par les médecins. Le plus souvent, quand en physiologie et en médecine on voit deux phénomènes marcher ensemble et se succéder dans un ordre constant, on se croit autorisé à conclure que le premier est la cause du second. Ce serait là un jugement faux dans un très grand nombre de cas ; les tableaux statistiques de présence ou d'absence ne constituent jamais les démonstrations expérimentales. Dans les sciences complexes comme la médecine, il faut faire en même temps usage de l'expérience comparative et de la contre-épreuve. Il y a des médecins qui craignent et fuient la contre-épreuve ; dès qu'ils ont des observations qui marchent dans le sens de leurs idées, ils ne veulent pas chercher des faits contradictoires, dans la crainte de voir leurs hypothèses s'évanouir. Nous avons déjà dit que c'est là un très mauvais esprit : quand on veut trouver la vérité, on ne peut asseoir solidement ses idées qu'en cherchant à détruire ses propres conclusions par des contre-expériences. Or, la seule preuve qu'un phénomène joue le rôle de cause par rapport à un autre, c'est qu'en supprimant le premier, on fait cesser le second.

Je n'insiste pas davantage ici sur ce principe de la méthode expérimentale, parce que plus tard j'aurai l'occasion d'y revenir en donnant des exemples particuliers qui développeront ma pensée. Je me résumerai en disant que l'expérimentateur doit toujours pousser son investigation jusqu'à la contre-épreuve ; sans cela le raisonnement expérimental ne serait pas complet. C'est la contre-épreuve qui prouve le déterminisme nécessaire des phénomènes, et en cela elle est seule capable de satisfaire la raison à laquelle, ainsi que nous l'avons dit, il faut toujours faire remonter le véritable criterium scientifique.

Le raisonnement expérimental, dont nous avons dans ce qui précède examiné les différents termes, se propose le même but dans toutes les sciences. L'expérimentateur veut arriver au *déterminisme,* c'est-à-dire qu'il cherche à rattacher, à l'aide du raisonnement et de l'expérience, les phénomènes naturels à leurs conditions d'existence, ou, autrement dit, à leurs causes prochaines. Il arrive par ce moyen à la loi qui lui permet de se rendre maître du phénomène. Toute la philosophie naturelle se résume en cela : *Connaître la loi des phénomènes.* Tout le problème expérimental se réduit à ceci : *Prévoir et diriger les phénomènes.* Mais ce double but ne peut être atteint dans les corps vivants que par certains principes spéciaux d'expérimentation qu'il nous reste à indiquer dans les chapitres qui vont suivre.

FIN DE LA PREMIÈRE PARTIE

TABLE DES MATIÈRES

PREMIÈRE PARTIE

DU RAISONNEMENT EXPÉRIMENTAL

SOCIÉTÉ ANONYME D'IMPRIMERIE DE VILLEFRANCHE-DE-ROUERGUE
Jules BARDOUX, Directeur.

Petits éléments de morale (à l'usage des écoles primaires), in-12, cart. Prix .... » 90

Morale pratique (enseignement secondaire des jeunes filles, 3e année), in-12, cart .... 3 »

COURS ET TRAITÉS

Manuel de philosophie, avec analyse des auteurs prescrits aux examens des baccalauréats, par C.-A. BÉNARD, in-12, br .... 3 »

— *Le même ouvrage*, cart 3 50

Petit Traité de la Dissertation philosophique, in-12, br ..... 3 »

— *Le même ouvrage*, cart 3 50

Notions d'histoire de la philosophie, à l'usage des candidats au baccalauréat ès lettres, par F. BOUILLIER, de l'Institut. Nouvelle édition augmentée de nouveaux chapitres sur les Pères de l'Église et sur la philosophie du XIXe siècle, par FERRAZ, professeur de philosophie à la Faculté des lettres de Lyon, in-12, br 2 50

Histoire de la philosophie cartésienne, par F. BOUILLIER, 2 vol. in-8o, br .... 14 »

— *Le même ouvrage*, 2 vol. in-12, br .... 9 »

Cours de philosophie et d'histoire de la philosophie, par A. CHARMA, ancien doyen de la Faculté des lettres de Caen. Nouvelle édition publiée par VICTOR CHARMA, in-12, br .... 2 »

Morale, par M. GÉRARD, recteur de l'Académie de Montpellier (collection MARTEL), 1 vol. in-12, cartonné .... 2 »

Cours de méthodologie (classe de mathématiques élémentaires), par SOUQUET, professeur agrégé de philosophie au lycée Henri IV, in-12, br. 1 »

L'Induction. Essai sur les principes, les procédés, la valeur et la portée de la méthode expérimentale, par A. BIÉCHY, in-8o, br .... 5 »

Philosophie spiritualiste de la nature. Introduction à l'histoire des sciences physiques de l'antiquité, par TH.-HENRI MARTIN, doyen de la Faculté des lettres de Rennes, membre correspondant de l'Institut, 2 vol. in-8o, br .... 12 »

La Vie future, suivant la foi et suivant la raison, par TH.-HENRI MARTIN, 1 fort vol. in-12, br .... 5 »

Appendice à la Vie future, par TH.-HENRI MARTIN, in-12, br ... » 50

OUVRAGES PHILOSOPHIQUES

Bacon. *Œuvres philosophiques,* 1 vol. grand in-8o, br 7 50

— *Le même ouvrage,* toile .... 10 »

Bossuet. *Écrits philosophiques* (BRISBARRE), 1 fort vol. in-12, br.... 3 50

Cicéron. *Des suprêmes biens et des suprêmes maux* (Ier et IIe livres), trad.

Desmarais, éclaircissements relatifs à l'histoire de l'Épicurisme (Guyau), in-12, br. 3 50
— *De Legibus* (livre Ier), annotations par E. Boirac), in-12, cart. . . » 75
Descartes. *Œuvres philosophiques,* 1 vol. grand in-8°, br. 7 50
— *Le même ouvrage,* toile. . . . . 10 »
Maine de Biran. Œuvres inédites, publiées par Ernest Naville, avec la collaboration de Marc Debrit, et précédées d'une introduction, 3 vol. in-8°, br. . . . . 18 »
Montaigne. Extraits (Petit de Julleville), in-12, cart. 2 50
— *Œuvres complètes,* 1 vol. grand in-8°, br. 7 50
— *Le même ouvrage,* toile. . . . . 10 »
Moralistes français (Charron, Pascal, La Rochefoucauld, La Bruyère, Vauvenargues), 1 vol. grand in-8°, br. 7 50
— *Le même ouvrage,* toile. . . . . 10 »
Pascal. *Entretien avec M. de Sacy sur Épictète et Montaigne,* et *De l'Autorité en matière de philosophie* (Guyau), in-12, br. 3 50
— *Pensées,* publiées dans leur texte authentique, avec une introduction contenant : 1° *une Étude sur les Pensées de Pascal;* 2° *une Préface de Port-Royal;* 3° *une Vie de Pascal,* 4° *Entretien sur Épictète et Montaigne* (E. Havet), 2 vol. in-8°, br. . . . . 8 »
— *Les Provinciales,* par E. Havet, 2 vol. in-8°, br. 7 50
— *Le même ouvrage,* 2 vol. in-12, br. . . . . 5 »
La Logique ou l'Art de penser, ou Logique de Port-Royal. (E. Charles), in-12, br. . . . . 3 »
Sénèque. *De Vita beata* (Bertrand), in-12, cart. 1 25
Xénophon. *Entretiens mémorables de Socrate.* Trad. de Gail. — Extraits de Platon, Aristote, Sénèque, Épictète, etc. (A. Fouillée), in-12, br. . 2 50

CLASSE DE PHILOSOPHIE

Histoire de la philosophie, par A. Fouillée, maître de conférences à l'École normale supérieure, in-8°, br. . . . . 6 »
Extraits des principaux philosophes, A. Fouillée, in-8°, br. 6 »

AUTEURS DU PROGRAMME

AUTEURS GRECS

Xénophon. *Mémorables* (H. Martin), quatre livres, in-12, cart. . . . 1 75
— Chaque livre, br. . . . . » 50
— *Le même ouvrage.* Traduction Gail, notes et extraits par A.-A. Bouillé, in-12, br. 2 50
Platon. *Phédon* (Thurot), in-12, cart. . . . . » 65
— *Le même ouvrage.* Trad. Grou, extraits par A. Fouillée, in-12, br. 3 »
— *Gorgias* (Lemercier), in-12. . . . . » »

— *Le même ouvrage*. Trad. Gros, notes de Bénard, in-12, br....... 1 50
— *République*, 7e livre (A. Fouillée), in-12, cart................. 1 50
— *Le même ouvrage*. Trad. Gros, intr. et notes (A. Fouillée), in-12, br. 3 50
— *Le même ouvrage*, 8e livre (Fochier), in-12, cart............... 1 50
Aristote. *Éthique à Nicomaque*, livre X (G. Rodier), in-12, toile... 1 80
Épictète. *Manuel* (Guyau), in-12, cart......................... 1 »
— *Le même ouvrage*. Trad. avec extraits (Guyau), in-12, br......... 2 50

AUTEURS LATINS

Lucrèce. *Extraits* (Bergson), in-12, cart....................... 1 50
— *De Natura rerum*. Trad. (Lavigne), in-8º br...................... 5 »
Bacon. *De Dignitate et Augmentis scientiarum* (Mauxion), in-12, toile.. 2 50
Cicéron. *De Officiis* (Brunet), in-12, cart...................... 1 »
— *Le même ouvrage* (livre I) et trad. (Ponsot), in-12, br........... 2 »
— *Tusculanes* (Berger), in-12, cart................................ 1 50
— *De Republica*, avec de nombreux extraits des principaux philosophes (Fouillée), in-12, cart.. 2 »
Sénèque. *Lettres à Lucilius* (Thamin et Levrault), in-12, toile..... 1 50
— *Le même ouvrage* (Chauvet), in-12, br........................... 2 50

AUTEURS FRANÇAIS

Descartes. *Discours de la méthode et les 5 Méditations* (Rabier), in-12, br. Prix .... 2 »
— *Principes de la philosophie* (Liard), in-12, cart.................. 1 50
Pascal. *Opuscules philosophiques* (E. Havet), in-12, br............ » 75
— *Pensées*, in-12, toile.. 3 50
Malebranche. *De la recherche de la vérité*, livre II (G. Lyon), in-12, cart. Prix .... 2 »
Bossuet. *Traité de la connaissance de Dieu et de soi-même* (Brisbarre), in-12, broché 1 60
Fénelon. *Traité de l'existence de Dieu* (Jeannel), in-12, br......... 2 »
Leibnitz. *Nouveaux Essais sur l'entendement humain* (E. Boutroux), in-12, broché 2 50
— *Monadologie* (E. Boutroux), avec notice sur les principes de la mécanique dans Descartes et dans Leibnitz (Poincaré), in-12, br........... 2 50
— *Extraits de la Théodicée* (Fouillée), in-12, br................... 3 »
Condillac. *Traité des sensations*, livre II (Picavet), in-12, cart..... 2 50
Montesquieu. *Esprit des Lois*, livres I à V (P. Janet), in-12, toile.. 2 25
A. Comte. *Cours de philosophie positive* (leçons 1, 2, 3 et 10), in-8º, br. 2 50
Claude Bernard. *Introduction à l'étude de la médecine expérimentale* (1re partie), in-12, cart 1 50
Kant. *Fondements de la métaphysique des mœurs* (Delbos), in-12...... » »
Stuart Mill. *Logique des sciences morales* (Logique, livre VI) (Belot), in-12, toile.. 2 50

Société anonyme d'imprimerie de Villefranche-de-Rouergue. — Jules Bardoux Directeur.

RED. :

15

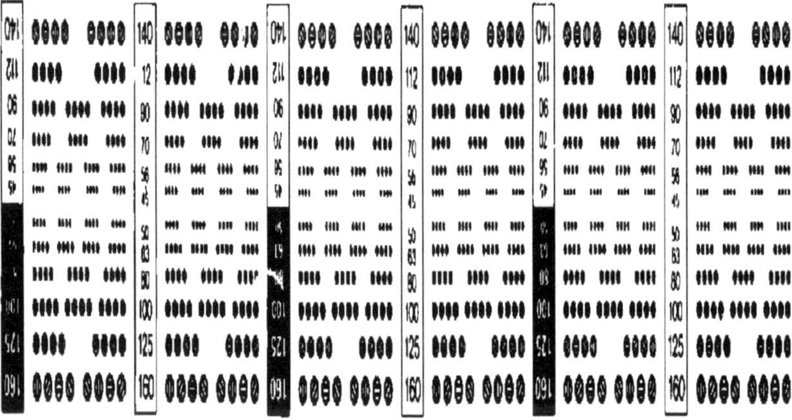

0 1 2 3 4 5 6 7 8 9 10

www.ingramcontent.com/pod-product-compliance
Ingram Content Group UK Ltd.
Pitfield, Milton Keynes, MK11 3LW, UK
UKHW021547260726
13993UKWH00002B/681